Sonja Wetzig
Die Stalin-Linie 1941

Bildnachweis

Eiermann (8), Fleischer (15), Militärhistorisches Museum Dresden (5), Thiede (7), Wetzig (190).

Genehmigte Lizenzausgabe für Edition DÖRFLER
im NEBEL VERLAG GmbH, Eggolsheim

1 2 3 4 5 9 8 7 6 5

Sonja Wetzig

Die Stalin-Linie 1941

Bollwerk aus Beton und Stahl

DÖRFLER
ZEITGESCHICHTE

INHALT

EIN WORT ZUVOR

Der preußische General und Reformer Carl von Clausewitz äußerte in seinem Buch »Vom Krieg«: »Ein Verteidigungsheer ohne Festungen hat hundert verwundbare Stellen, es ist ein Körper ohne Harnisch.« Eingedenk dieser Erkenntnis wurden auch im 20. Jahrhundert, freilich unter veränderten militärischen Bedingungen, Festungen und Festungslinien errichtet. Sie hatten die Doppelfunktion, das Land vor Angriffen zu schützen und eine günstige militärische Ausgangsposition zu schaffen. Solche grundsätzlichen Aussagen machen deutlich, daß Festungen im militärischen Denken der Vergangenheit einen hohen Stellenwert besaßen. Festungen waren sozusagen in Stein, Beton und Stahl gesetztes militärisches Denken.

Der Erste Weltkrieg hatte die wirtschaftlichen, politischen und militärischen Verhältnisse in Europa nachhaltig verändert. Von den Wandlungen wurde natürlich auch das militärische Denken in der Nachkriegszeit maßgeblich beeinflußt. Europa befand sich in der ersten Hälfte unseres Jahrhunderts in einem wahren Befestigungsrausch. In der Zeit zwischen den beiden Weltkriegen entstanden Festungslinien an den Grenzen fast aller europäischen Staaten. Die Ziele, welche damit verfolgt wurden, waren sehr unterschiedlich. Die einen wollten die im Ersten Weltkrieg hinzugewonnenen Gebiete sichern, andere fühlten sich von ihrem deutschen Nachbarn nach wie vor bedroht.

Frankreich errichtete aus Furcht vor Deutschland, gewachsen aus der historischen Erfahrung, die Maginot-Linie. Nach dem französischen Vorbild baute die Tschechoslowakische Republik die Benes-Linie. Auch südeuropäische Länder errichteten Befestigungsanlagen, z.B. Griechenland die Metaxas-Linie.

Deutschland war durch die Bestimmungen des Versailler Vertrages militärisch an Auflagen gebunden. Seine Festungen an der Westgrenze wurden geschleift, nur der Ausbau einer Verteidigungslinie im Osten wurde von den Alliierten geduldet. Die Arbeiten begannen 1931 im Heilsberger Dreieck bei Königsberg, später folgte die Befestigungslinie im Oder-Warthe-Bogen. Nach der Besetzung des Rheinlandes im Jahre 1935 wurde der Ausbau der Befestigungsanlagen an der deutschen Westgrenze (Westwall) forciert. Alle Festungsanlagen wurden mit großem materiellen Aufwand errichtet.

Auch das aus dem russischen Zarenreich hervorgegangene Sowjetrußland, die spätere Sowjetunion, baute an seiner Westgrenze eine Festungslinie. Die erste Ausbauphase erstreckte sich von 1929 bis 1935. Die Befestigungen reichten vom Finnischen Meerbusen bis zum Schwarzen Meer.

Mit dem ökonomischen, politischen und militärischen Erstarken der Sowjetunion in der zweiten Hälfte der 30er Jahre, das sich deutlich auf das Kräfteverhältnis in Europa auswirkte, entwickelte die russische Führung eine neue militärische Strategie. Sie orientierte sich in wesentlichen Positionen an der sogenannten historischen Mission der Sowjetunion im revolutionären Weltprozeß. Mit dem Nichtangriffspakt am 23. August 1939 mit Deutschland abgeschlossen, wurden die russischen Westgrenzen 200 bis 300 km vorgeschoben und die ostpolnischen Gebiete und das Baltikum der Sowjetunion einverleibt. Damit verloren die alte Staatsgrenze und die dahinter angelegten Festungsanlagen ihre Bedeutung. In der russischen Literatur wird deshalb von der neuen und der alten Staatsgrenze gesprochen. Über den Grad ihrer Befestigung findet man nur sehr spärliche Angaben. Shukow äußerte sich nach dem Zweiten Weltkrieg wie folgt dazu: »Die befestigten Räume an der alten Staatsgrenze wurden nicht geschleift und nicht abgerüstet, wie in einigen Memoiren und historischen Beträgen behauptet wird. Sie blieben in allen wichtigen Abschnitten und Richtungen bestehen und sollten sogar noch verstärkt werden.

Der Verlauf der Kampfhandlungen zu Beginn des Krieges gestattete es jedoch nicht mehr, die geplanten Maßnahmen voll zu verwirklichen und die alten Befestigungsräume entsprechend zu nutzen.«[1]

Hitler begann am 22. Juni 1941 den Krieg mit der Sowjetunion. Damit trat der Zweite Weltkrieg in eine neue und entscheidende Phase. Sehr schnell gelang es den gepanzerten Verbänden des deutschen Heeres, die russischen Grenzbefestigungen zu überwinden. Sie dran-

gen, unterstützt von modern ausgerüsteten Pioniertruppen und einer schlagkräftigen Luftwaffe, schnell in das Landesinnere vor. Im Juli 1941 entbrannten die Kämpfe um die Befestigungsanlagen an der alten russischen Staatsgrenze. Sie wurden in wenigen Tagen durchbrochen. Auch hier soll Shukow noch einmal zu Wort kommen: »Wir verfügten über Angaben, wonach in Polen beträchtliche (deutsche) Kräfte disloziert waren... die heutige Auslegung der Überraschung, aber auch das, was Stalin in seinen Reden interpretierte, ist falsch und unvollständig. Was heißt Überraschung, wenn wir von Handlungen derartiger Ausmaße reden? Das plötzliche Überschreiten der Grenze war an und für sich keineswegs entscheidend. Die Hauptgefahr bestand darin, daß wir auf die Schlagkraft der deutschen Armee nicht gefaßt waren.«

Der Durchbruch durch die russischen Befestigungen nahm weniger Zeit in Anspruch als beispielsweise die Kämpfe um die Maginot-Linie im Frühsommer 1940. Ganz im Gegensatz dazu stand die propagandistische Auswertung in den deutschen Medien. Die Festungslinie erhielt die Bezeichnung »Stalinlinie«; ein Name, der von russischer Seite quellenmäßig nicht belegbar ist. Es ist heute noch schwer, zwischen Wahrheit und Dichtung zu unterscheiden, zumal in der russischen Fachliteratur und den Memoiren wenig solide Angaben zu finden sind.

Mit dieser Arbeit soll eine kurze, zusammenfassende Darstellung über die befestigten Räume der alten Westgrenze der Sowjetunion gegeben werden.

Als Quellen dienten Meldungen und Fotos der Luftaufklärung verschiedener Armeeoberkommandos. Weiterhin wurden deutsche Dienstvorschriften, Karten, Zeitungen, Divisionsgeschichten und Erinnerungsberichte genutzt. Von sowjetischer Seite konnte nur die umfangreiche Memoirenliteratur in deutscher und russischer Sprache genutzt und ihre unterschiedlichen Angaben zur »Stalinlinie« überprüft werden.

Die Autorin dankt sehr Herrn Horst Scheibert, von dem die Anregung zur Bearbeitung dieses Themas gekommen war. Für die hilfreiche Unterstützung bei der Materialsammlung und der fachlichen Beratung dankt die Autorin Herrn Richard Eiermann und Herrn Wolfgang Fleischer. Herr Gerhard Thiede führte dankenswerter Weise die Fotoarbeiten aus.

Dresden, im Herbst 1997 Sonja Wetzig

1 Shukow, Erinnerungen und Gedanken, Berlin 1976

HISTORISCHER HINTERGRUND

Das historische Geschehen, das unmittelbar im Zusammenhang mit dem sowjetischen Festungsbau an der Westgrenze zu sehen ist, muß einleitend dargelegt werden: Mit dem Ende des Ersten Weltkrieges gingen große politische und gesellschaftliche Veränderungen in Europa vor sich. Aus dem russischen Zarenreich entstand nach der Oktoberrevolution Sowjetrußland. Eine völlig neue Situation im Osten Europas war durch die Unabhängigkeit und Souveränität Polens, des Baltikums, Finnlands und anderer Staaten, die zum Teil dem früheren Rußland angehört hatten, entstanden.

Die Jahre nach dem Ersten Weltkrieg, der Revolution und dem Bürgerkrieg waren für das Land schwierig. Nach der siegreichen Beendigung des Bürgerkrieges und mit der Festigung der internationalen Position der RSFSR (Russische Sozialistische Föderative Sowjetrepublik) waren die Voraussetzungen gegeben, Rote Armee und Flotte auf Friedensbedingungen umzustellen. Es folgte eine großangelegte Demobilisierung. Sie verlief in drei Etappen, in deren Verlauf die Rote Armee von 5,5 Millionen Mann auf die Sollstärke von 562.000 Mann reduziert wurde, und kam 1924 zum Abschluß.

Lenin, der den Streitkräften große Aufmerksamkeit widmete, äußerte sich oft zu militärischen Problemen. Er warnte: »...Genossen, seid auf der Hut, hütet die Verteidigungsfähigkeit unseres Landes und unserer Roten Armee wie euren Augapfel...«[1] Seine Warnungen fanden ihren Niederschlag im Militärprogramm der Roten Armee. Darin wurde gefordert, daß im Falle eines künftig ausbrechenden Konfliktes die Rote Armee in der Lage sein müsse, den europäischen Armeen zu widerstehen. Unter dieser Prämisse wurde der Ausbau der Streitkräfte in den folgenden Jahren forciert. In den Jahren 1924 und 1928 erfolgten militärische Reformen. Das erste Militärprogramm wurde auf dem XII. Parteitag der KPR (B) im Mai 1924 beschlossen. Man ging dabei von dem Grundsatz aus, daß der moderne Krieg alle ökonomischen und moralischen Kräfte einer jeden Nation auf die Probe stellen werde. Das war eine wichtige Erfahrung des Ersten Weltkrieges.

Die Militärprogramme der Sowjetunion in den 20er und 30er Jahren trugen dazu bei, eine moderne Armee zu schaffen. Zu dieser Zeit bestimmte der leichte Panzer MS-1 das Bild der russischen Panzereinheiten.

Als erste Volkskommissare für Militär- und Marineangelegenheiten wurden Trotzki[2], Frunse[3] und Woroschilow[4] ernannt, die die Reformen in wesentlichen Positionen mitbestimmten. Zu diesem Zeitpunkt begann auch der Ausbau von Befestigungen an der Westgrenze der Sowjetrepublik. Ökonomische Schwierigkeiten in dieser Zeit ließen aber eine vollständige Verwirklichung der Militärforderungen nicht zu. Der Volkskommissar für Armee und Marine, Woroschilow, äußerte sich wie folgt: »Die Kapitalisten haben Panzer und Flugzeuge in Überzahl. Und wir? Wir besitzen nicht einmal die Möglichkeit, eine größere Armee aufrecht zu erhalten...« Noch 1927 beurteilte Budjonny[5] die Lage sehr pessimistisch: Sowjetrußland werde ständig bedroht. Deshalb beschloß Stalin, das Militärpotential so schnell wie möglich zu verstärken, um diese vermeintliche Gefahr bannen zu können. 1928 wurde eine Resolution verfaßt, wonach die allgemeine Kampfkraft der Roten Armee dem Niveau der besten europäischen Armeen angeglichen werden sollte. Die ökonomische Grundlage dafür sollte die Umgestaltung der Volkswirtschaft der UdSSR (Union der Sozialistischen Sowjetrepubliken) bilden. Die Schaffung der materiell-technischen Basis einer modernen und schlagkräftigen sowjetischen Streitmacht erfolgte im Rahmen der Fünfjahrespläne. Entscheidend waren der 1. Fünfjahresplan 1928-1932, der 2. Fünfjahresplan 1933-1937 und der 3. Fünfjahresplan 1938-1942.

J.W.Stalin, seit 1922 Generalsekretär der KPdSU und Führer des Landes hat in dieser Funktion die russische Militär- und Sicherheitspolitik maßgeblich beeinflußt.

Im Gefolge der Verwirklichung der anspruchsvollen Wirtschaftsreformen im Rahmen der fünf Jahrespläne stieg die Sowjetunion bis zum Ende der 30er Jahre in die Reihe der größten Industriemächte der Erde auf. In der Industrieproduktion nahm sie die erste Stelle in Europa ein. Die gigantische wirtschaftliche Entwicklung hatte umfassenden Einfluß auf die militärisch-technische Stärke. In diesen Jahren entwickelte sich die Rote Armee von einer technisch rückständigen zu einer modernen Armee, freilich um den Preis eines extrem niedrigen Lebensstandards der Bevölkerung. Hinter allen Anstrengungen stand die Angst vor einem militärischen Überfall auf die Sowjetunion.

Die gewachsene Stärke der Streitkräfte veränderte bis zur Mitte der 30er Jahre die Praxis der Sicherheits- und Außenpolitik des Landes. Die sowjetische Führung trat aktiver in Erscheinung, das Land verstrickte sich in eine Reihe internationaler Krisen und Konflikte, zum Beispiel in Spanien.

Große Bedeutung erhielt die Entwicklung der sowjetischen Militärtheorie. Sowjetische Militärs erarbeiteten die theoretischen Grundlagen der tiefen Angriffsoperation, wobei die Führung der Roten Armee davon ausging, den Gegner auf seinem Territorium zu schlagen. Das wirkte sich natürlich auf den Ausbau der befestigten Räume an der Westgrenze aus. Der Heerführer Frunse sagte sehr deutlich: »Jede Befestigung ist lediglich eine Ergänzung der

Militärmanöver in den 30er Jahren zeigten die Stärke der sowjetischen Streitkräfte.

beiden Hauptelemente des Kampfes, der Vorwärtsbewegung und der Feuerwirkung. Sie hat die Wucht des Angriffs in möglichst großem Ausmaß zu sichern und die Feuerkraft zu verstärken.« Richtig erkannt wurde die Rolle, die Panzern bzw. den motorisierten Verbänden in einem zukünftigen Krieg zukommen würde. Trifandafillow, Chef des Stabes der Roten Armee, äußerte sich dazu: »Panzer sind in einem künftigen Krieg die mächtigsten Angriffsmittel.« Die daraufhin erfolgte Ausrüstung der Roten Armee wurde mit allen verfügbaren Mitteln und um jeden Preis durchgeführt. Mit den bereits erwähnten Fünfjahresplänen waren die Voraussetzungen geschaffen worden, die Aufrüstung zu forcieren. Das traf für alle Teilstreitkräfte und Waffengattungen zu. Von Jahr zu Jahr vergrößerten sich im Staatshaushalt die Verteidigungsausgaben. Die Produktion von Panzern und Fahrzeugen aller Art erfuhr eine enorme Steigerung. Die personelle Verstärkung der Roten Armee bis zum Beginn des Zweiten Weltkrieges war erheblich. Die Zahl der Soldaten erhöhte sich von ca. 600.000 Mann (1928) auf ca. 930.000 Mann im Jahr 1935. 1939 erfolgte wiederum eine Reorganisation der Roten Armee.

Die außenpolitische Situation hatte sich bis zum Ende der 30er Jahre gewandelt. Begünstigt durch die Beschwichtigungspolitik der europäischen Großmächte gegenüber Deutschland stand die Gefahr eines Krieges stärker denn je am Horizont. Wenn man den Darstellungen sowjetischer Historiker aus der Zeit nach dem Zweiten Weltkrieg Glauben schenken darf, sah sich die Sowjetunion veranlaßt, ihre Interessen mit der Unterzeichnung des deutsch-sowjetischen Nichtangriffs-Vertrages vom 23. August 1939 zu wahren. Seine Folgeverträge und das geheime Zusatzprotokoll ermutigten Hitler, Polen anzugreifen. Gleichzeitig verschaffte er der Sowjetunion die Möglichkeit, ihre Grenze nach Westen zu verschieben. Ribbentrop und Stalin unterzeichneten am 28. September 1939 in Moskau den Vertrag über die Teilung Polens. Durch die Besetzung des Baltikums (Litauen, Lettland, Estland), Teile Polens und anderer europäischer Staaten verschob sich die Westgrenze der UdSSR um 250-300 km nach Westen. Sie befand sich nun näher am Zentrum Europas. Stalin schätzte diese Maßnahmen als wichtig für die Verteidigung des Landes ein. Seine strategische Position verbesserte sich dadurch erheblich, auch für den Fall eigener Angriffsoperationen. Die politische Konzeption der sowjetischen Führung ging davon aus, daß ein künftiger Krieg zwischen den Westmächten den Kontrahenten Deutschland erheblich schwächen würde. Die daraus entstehenden wirtschaftlichen Krisen und Unruhen würden eine revolutionäre Situation entstehen lassen, die wiederum eine wichtige Voraussetzung zur Verwirklichung der Weltrevolution darstellten.

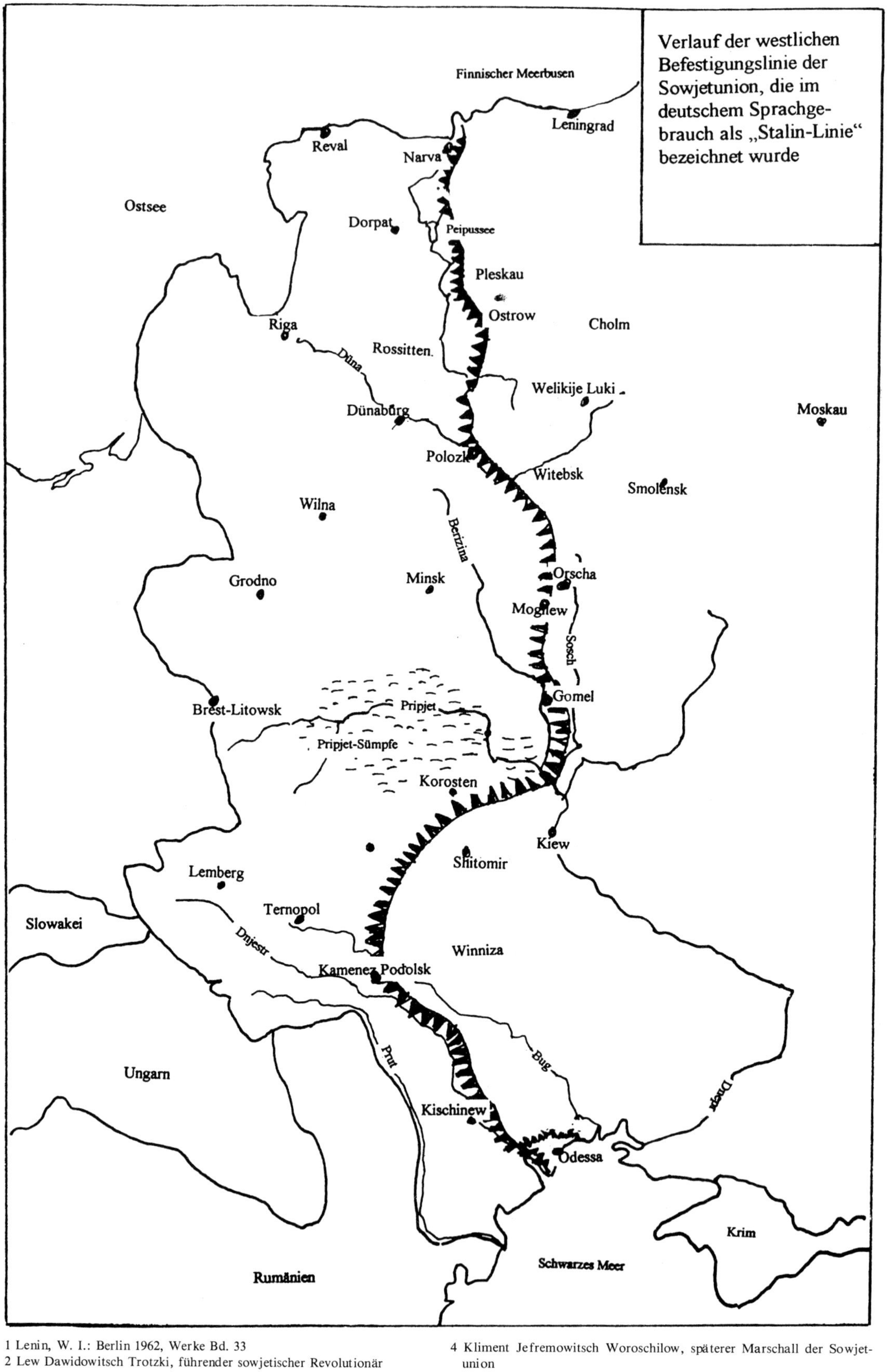

Verlauf der westlichen Befestigungslinie der Sowjetunion, die im deutschem Sprachgebrauch als „Stalin-Linie" bezeichnet wurde

1 Lenin, W. I.: Berlin 1962, Werke Bd. 33
2 Lew Dawidowitsch Trotzki, führender sowjetischer Revolutionär
3 Michail Wassiljewitsch Frunse, führender Militärheoretiker
4 Kliment Jefremowitsch Woroschilow, späterer Marschall der Sowjetunion
5 Semjon Michailowitsch Budjonny, Marschall der Sowjetunion

VERLAUF DER LINIE

Unter Ausnutzung natürlicher Hindernisse, zu denen die Flüsse Düna, Memel, Bobz, Bug, Narew und Weichsel gehörten, hatte schon das Zarenreich vor 1914 auf einer Länge von ca. 500 km Festungen von Dünaburg bis Iwangorod anlegen lassen. Im Süden der Westgrenze waren es die Festungen Dubno, Luck und Rowno. Infolge der politischen und geographischen Veränderungen durch den Ersten Weltkrieg hatten diese Befestigungsanlagen ihre Bedeutung verloren. Der neu entstandene Staat Sowjetunion stand vor der Aufgabe, die Grenze erneut mit Befestigungsanlagen zu sichern. Im Norden, an der Ostsee, entstanden bis 1941 die Küstenbefestigungen Hangö, Kronstädter Bucht, Reval, die Befestigungen an der Irbenstraße und Libau. Diese Befestigungen gehörten nicht zu der später als »Stalinlinie« bekannt gewordene Befestigungslinie, spielten aber 1941 bei dem Kampf um die baltischen Seehäfen eine wichtige Rolle. In diesen Gebieten wurden auf den Bahnhöfen eine große Zahl zum Einbau bestimmte Küstengeschütze, festungseigentümliche Panzerteile und Inneneinrichtungsstücke erbeutet, die einen erheblich umfangreichen Ausbau der Küstenbefestigungen erkennen ließen. Im Verlauf der Abhandlung wird auf diese Befestigungen nicht mehr eingegangen, da sie wie bereits dargestellt nicht zur »Stalinlinie« gehörten.

Die Befestigungslinie, die in der sowjetischen Literatur als eine Folge von befestigten Räumen charakterisiert wurde und im Ausland unter der Bezeichnung »Stalinlinie« bekannt geworden ist, begann bei Narva. Sie hatte eine Nord-Süd-Ausdehnung von ca. 1800 km.

Ihr Verlauf kann kurz wie folgt beschrieben werden: Vom Finnischen Meerbusen im Norden bis zum Schwarzen Meer im Süden. Wiederum waren zahlreiche natürliche Hindernisse der urwüchsigen russischen Landschaft, wie Flüsse, Seen und Sümpfe, in die Befestigungslinie eingebunden. Im Norden war es der Peipus-See; im mittleren Verlauf Bersina, Pripjet, Desna und das große Gebiet der Pripjet-Sümpfe; im Süden Dnjestr und Bug.

Folgende Länder grenzten an der Westgrenze vor ihrer Vorverlegung im Jahr 1939 an die Sowjetunion: Finnland, Estland, Lettland, Litauen, Polen, Tschechoslowakei, Ungarn, Rumänien. Danach waren es nur noch Deutschland, Slowakei, Ungarn und Rumänien. Das ursprünglich mit der Anlage der Befestigungslinie verfolgte Ziel war die Sicherung der Grenze gegen Polen. Weitere Befestigungen entstanden in den Räumen um Kingisepp, Pskov, Polozk, Minsk, Mozyrsk, Korosten, Novograd-Volynsk, Kiew, Leticevsk, Starakonstinow, Moilew, Kamenec-Podolsk, Tiraspol und anderen Orten.
Bedeutende politische und wirtschaftliche Zentren sowie Eisenbahnknotenpunkte schnitten ihren Verlauf. Im Norden: Narva, Pleskau, Ostrow, Idriza, Witebsk, Podolsk; im mittleren Verlauf: Minsk, Mogilew, Nowo Bychow, Gommel, Tschernigow; im Süden: Kamenez, Podolsk, Uman und andere.

Diese 1995 fotografierte Panzerkuppel (Beobachtungskuppel), aus dem alten polnischen Befestigungssystem 1939 ausgebaut, sollte in die russischen Festungsbauten an der Stalin-Linie eingesetzt werden.

Kleine betonierte Artilleriekampfanlage mit Tarnnetz.

MG-Schartenstand mittleren Ausbaus, der durch Erdaufschüttungen und Baumanpflanzungen getarnt ist.

AUSBAU DER BEFESTIGUNGSANLAGEN

Der Bau der Befestigungsanlagen an der alten Staatsgrenze erfolgte in zwei Etappen. Die erste Bauphase war die Zeit von 1929-1935. Die zweite währte von 1936-1941 mit einer Unterbrechung im Jahr 1939. Dabei stützte sich die Rote Armee auf die Erfahrungen des Ersten Weltkrieges, wonach die beste Form der militärischen Vorbereitung eines Grenzstreifens ein System von befestigten Zonen sei. Sie sollten Schutz vor Angriffen auf strategisch wichtige Gebiete im Landesinneren bieten. Eine befestigte Zone wurde definiert als großer Geländeabschnitt, der frühzeitig für eine hartnäckige Verteidigung mit Mitteln des Befestigungsbau vorbereitet werden sollte. Die befestigten Zonen untergliederten sich in »Befestigte Räume«, die General Shukow so charakterisiert: Geländeabschnitte, die durch künstliche und natürliche Hindernisse sowie Festungsanlagen für eine nachhaltige Verteidigung eingerichtet sind. Die Besatzungen dieser Räume verfügten bei geringer Mannschaftsstärke über die Feuerkraft einer Schützendivision. Wörtlich heißt es dazu: »Der Befestigte Raum ist hier als ein allgemeiner Verband der Roten Armee zu verstehen, dessen Feuerkraft der einer Schützendivision gleich kam. Er war hauptsächlich zur Verteidigung wichtiger Abschnitte und Objekte bestimmt, wurde aber auch eingesetzt, um gegnerische Kräfte in Nebenrichtungen zu binden und die Flanken der Hauptgruppierungen zu decken.«[6] Anders als in einigen europäischen Ländern entschied sich die Führung der Roten Armee, die »befestigten Räume« mit vielen kleinen Werken zu versehen.
Die Durchführung der Bauarbeiten in der ersten Bauphase lag in den Händen des »Amtes für militärische Bauarbeiten«. Ihm unterstanden die Arbeitsleiter und denen die Arbeiter auf den einzelnen Baustellen. Die Offiziere der Roten Armee übernahmen nach Abschluß der Bauarbeiten die Fertigstellung der Anlagen und damit die militärische Führung.
Sehr umfangreich werden die Arbeiten der ersten Etappe an der Festungslinie von G.J. Grigorenkow[7] beschrieben, der an der Militärtechnischen Akademie, der späteren Militärbauakademie, studiert hatte. Die Akademie erhielt die Weisung, alle ihre Studenten aus der Fakultät für Festungstechnik in die Festungsrayons und ihre einzelnen Bauabschnitte zu schicken.
Zu Grigorenkows Studium gehörten zwei Praktika. Er absolvierte sie, auf Grund der bereits genannten Weisung, an der sowjetischen Westgrenze beim Bau der Befestigungsanlagen. Dazu reiste er in den befestigten Rayon von Mogiljow-Podolsk. Er sollte in einem am Dnjestr liegenden Verteidigungskomplex die Fertigstellung der Bauvorhaben beaufsichtigen. Hier plante man ein System aus neuen MG-Stellungen, die unterirdisch verbunden waren. Diese Festungsanlagen kosteten das russische Volk ca. 120 Milliarden Rubel.

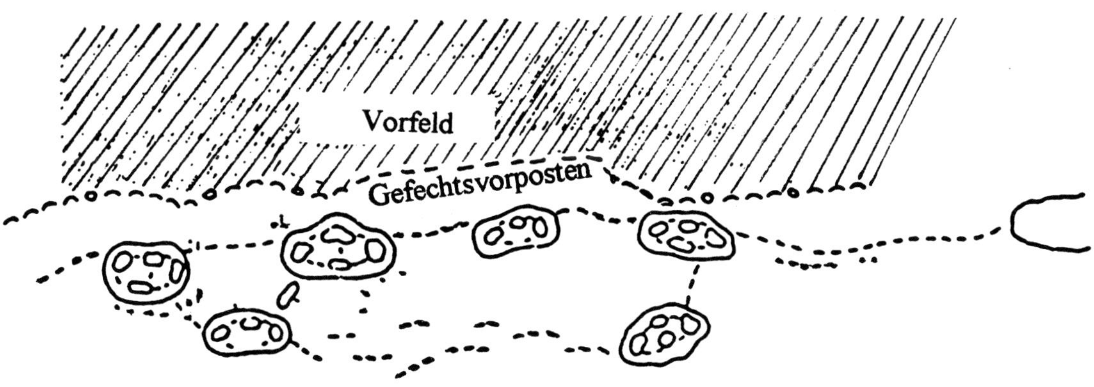

Schematische Darstellung eines befestigten Gebietes aus den Jahren 1931/34. Stützpunktgruppen bestehen zu dieser Zeit aus drei bis fünf Stützpunkten. Sie sind 3,5 bis 6 km breit und 1,5 bis 3 km tief. Ab 1938 erfolgte ein weiterer Ausbau durch Vertiefen und Verdichten der Anlagen.

6 Shukow, Erinnerungen und Gedanken, Militärverlag der DDR, Berlin 1980, S. 212

7 G.J. Grigorenkow, war später General der sowjetischen Streitkräfte und Spezialist der Pioniertruppen

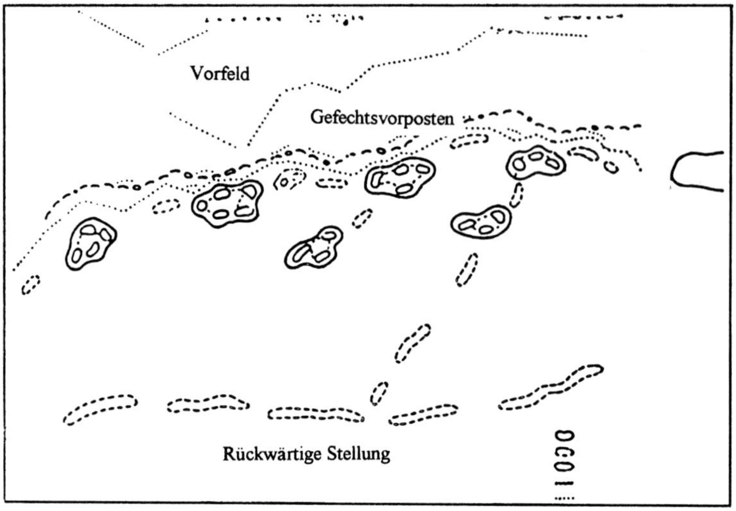

Schematischer Aufbau eines befestigten Gebietes. Jedes befestigte Gebiet ist unterteilt in fünf bis acht Stützpunktgruppen (Verteidigungsbündel). Die Stützpunktgruppen sind unterschiedlich stark und werden von bestimmten Einheiten besetzt. Die Truppen des Feldheeres standen im Vorfeld, in der Stellung der Gefechtsposten, in Feld- und rückwärtiger Stellung. Die Lücken konnten 12 bis 20 km breit sein.

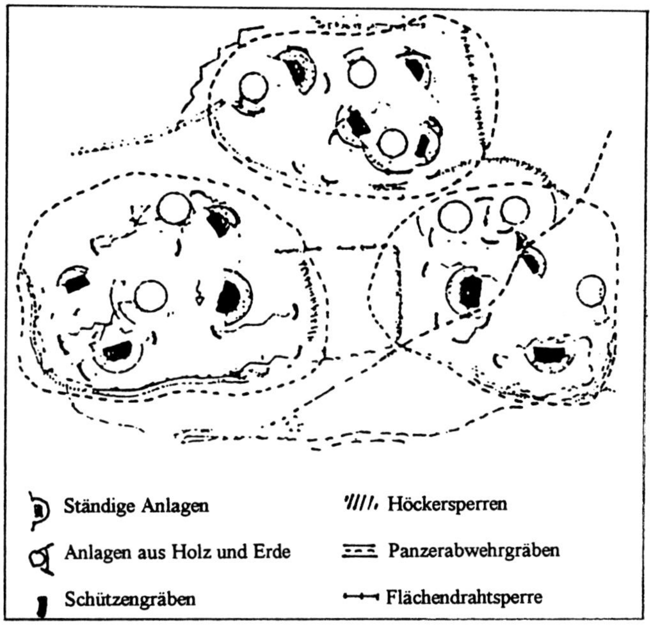

Schema einer Stützpunktgruppe mit drei Stützpunkten.

1933 war angeordnet worden, alle Festungsrayons auszubauen und gefechtsklar zu machen. Zahlreiche Schwierigkeiten und Arbeiten mußten dabei bewältigt werden. Es fehlte vor allem an einer ausreichenden Zahl qualifizierter technischer und militärischer Leiter. Die auf den Baustellen der Befestigungsanlagen anfallenden Erdarbeiten, Verschalungen, Betonierung und Tarnung konnten von den Hilfskräften noch zufriedenstellend ausgeführt werden. Doch zu den Arbeiten an der Innenausstattung fehlte qualifiziertes Personal aller Ebenen. Viele Bauleiter kamen aus dem zivilen Bereich und hatten keine Kenntnisse von Ballistik, vom Umgang mit Geschützen oder von Schutztechniken gegen chemische Kampfstoffe. Sie waren nicht in der Lage, Geschützlafetten und andere technische Anlagen ordnungsgemäß zu installieren. Grigorenkow berichtet, daß zu seiner Unterstützung 150 Mann arbeiteten. Sie wurden für die Dauer von drei Monaten eingesetzt und dann durch neue Leute ersetzt. Die Soldaten waren einfache Menschen, ohne jede berufliche Qualifikation und mit den Aufgaben hoffnungslos überfordert. Es wurden Facharbeiter benötigt, um Geschütze zu installieren, um zum Beispiel eine Lafette im richtigen Neigungswinkel einzubringen, Türen einzupassen oder die Schießscharten auszukleiden. Grigorenkow forcierte die Spezialisierung der Aufgaben und erreichte damit große Fortschritte beim Festungsbau.

Im Befestigungsrayon Minsk wurden zu dieser Zeit verschiedene Festungsanlagen, unter anderem die von Bugluma, ausgebaut. Dabei traten typische Probleme des Festungsbaues auf, zum Beispiel beim Trockenlegen der Anlagen und der dementsprechend notwendigen Einbringung von technischen Vorrichtungen und Anlagen. So füllten sich die Luftfilterschächte nach wie vor mit Wasser und beeinträchtigten schon unter Friedensbedingungen die Nutzung der Bunker. Grigorenko klärte dieses Problem, indem er veranlaßte, die Filter in eine der drei Kammern einzusetzen und somit war das Problem des eindringenden Wassers vorerst geklärt. Grundsätzlich sind die Festungsanlagen erst nach Überprüfung auf ihre Einsatzfähigkeit an die Artilleristen übergeben worden. Es war Grigorenkos Verdienst, durch eine spezielle Arbeitsteilung Lösungen für viele Probleme gefunden zu haben. Die Geschützstellung Poduma, an der er ebenfalls gewirkt hatte, wurde später als Vorbild für den Bau weiterer Anlagen dargestellt.

Um die Arbeit der Festungsrayone zu verbessern, vergab die Akademie eine Reihe von Diplomthemen zur Befestigungsthematik: Konstruktion eines befestigten Standquartiers (d.h. eines Komplexes fester Unterkünfte für ein Artilleriebataillon); Verstärkung eines Befestigungsrayons in militärisch bedrohlicher Lage; Beschreibung, Verteilung und Transport von Baumaterial und Arbeitskräften; Logistik Nachschub von Gerät und Baumaterial. Die Akademie schaffte mit der Vergabe dieser Themen eine wesentliche Voraussetzung für die Verbesserung der Bauarbeiten an der Westgrenze. Nach Beendigung des Studiums 1934 wurden die Absolventen als qualifizierte Kader in die Konstruktionsabteilungen für Verteidigungsanlagen oder in die Truppe versetzt. Ihre Hauptaufgabe bestand nun in der militärtechnischen Vorbereitung sowie der Lösung spezieller Probleme, besonders auf dem Bausektor, im Zusammenhang mit denen des Festungskrieges.

In den Jahren von 1936 bis 1939 wurden die Festungsanlagen und Geschützstellungen mehrmals auf ihre Einsatzbereitschaft überprüft. Daneben gab es Bemühungen, deren Nutzungseigenschaften mittels technischer Neuerungen zu erhöhen. Dazu gehörte die Einrichtung spezieller Werkstätten. Insgesamt gesehen wurde erkannt, daß die Verteidigung in den befestigten Zonen verbesserungswürdig war. Man kam nun zu der Ansicht, neben Verteidigung auch Gegenangriffe führen zu müssen. Sie sollten durch das Feuer von Maschinengewehren und der Geschütze Unterstützung erhalten. Die Bataillone, die in den befestigten Räumen stationiert waren, wurden daraufhin neu organisiert. Auch in der Tiefe der befestigten Räume sollten desweiteren Divisionen als Reserven für Gegenstöße bereitgestellt werden. Die Ausführung der dafür notwendigen Rationalisierungs- und Erweiterungsarbeiten war Aufgabe spezieller Truppenwerkstätten. Die

Zeichnung einer zweistöckigen Kampfanlage für Artillerie und MG. Die Zeichnung und einige andere nachfolgende Aufnahmen sind der Studie des Oberkommandos des Heeres, Generalstab des Heeres OQu IV-Abteilung Fremde Heere Ost, vom 31. März 1941 entnommen. Sie beruhten zur Zeit der Entstehung auf Vermutungen, wurden jedoch bei der Einnahme der Befestigungsanlagen teilweise bestätigt, das geht auch aus der "Denkschrift über die russische Landesbefestigung" vom 1.2.1942 hervor.

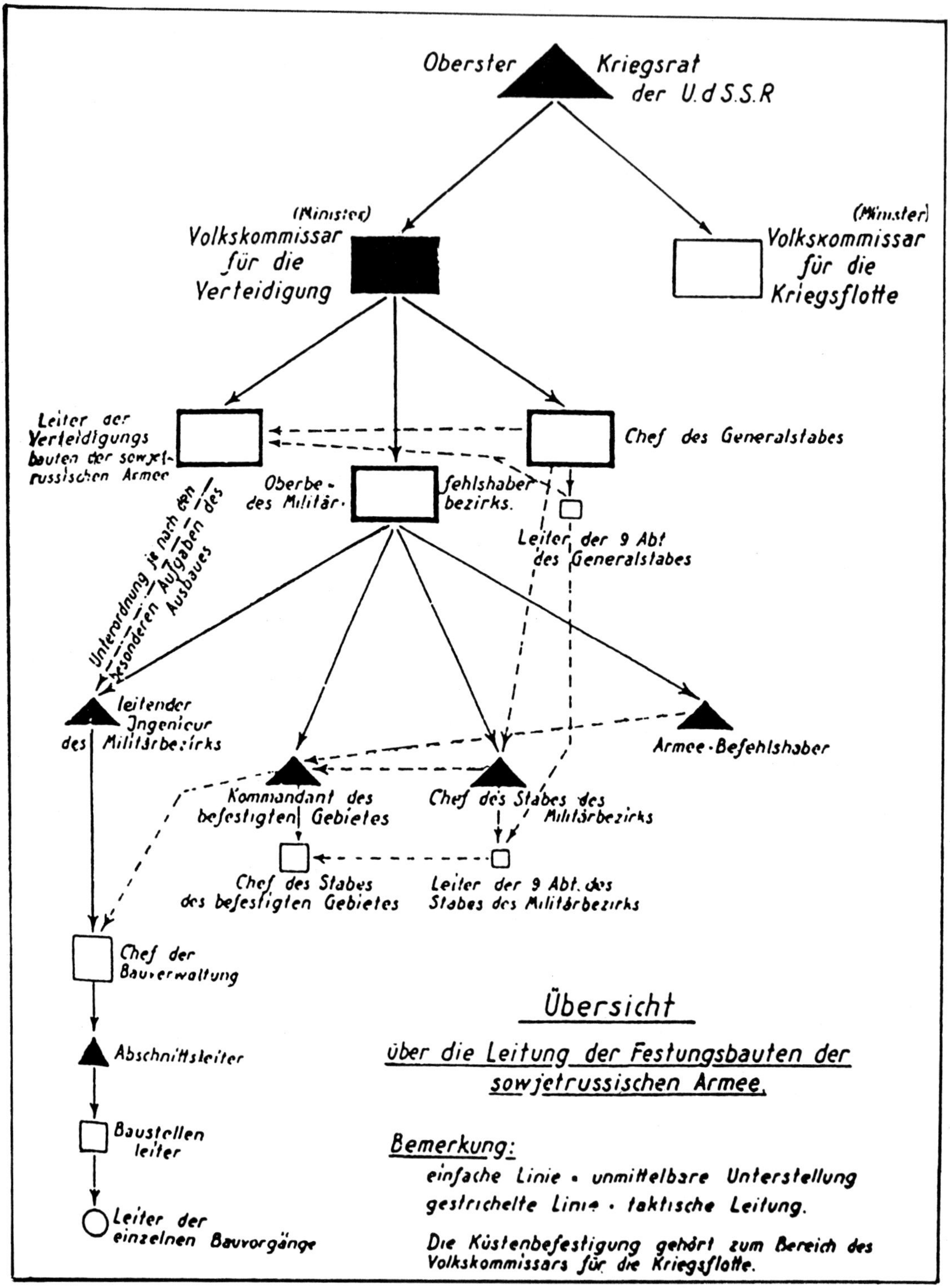
Oberster Kriegsrat der U.d.S.S.R
(Minister) Volkskommissar für die Verteidigung
(Minister) Volkskommissar für die Kriegsflotte
Leiter der Verteidigungsbauten der sowjetrussischen Armee
Chef des Generalstabes
Oberbefehlshaber des Militärbezirks.
Unterordnung je nach den besonderen Aufgaben des Ausbaues
Leiter der 9 Abt des Generalstabes
leitender Ingenieur des Militärbezirks
Armee-Befehlshaber
Kommandant des befestigten Gebietes
Chef des Stabes des Militärbezirks
Chef des Stabes des befestigten Gebietes
Leiter der 9 Abt. des Stabes des Militärbezirks
Chef der Bauverwaltung
Abschnittsleiter
Baustellen leiter
Leiter der einzelnen Bauvorgänge
Übersicht
über die Leitung der Festungsbauten der sowjetrussischen Armee.
Bemerkung:
einfache Linie = unmittelbare Unterstellung
gestrichelte Linie = taktische Leitung.
Die Küstenbefestigung gehört zum Bereich des Volkskommissars für die Kriegsflotte.

Umgliederung der Truppe für diese neuen bzw. erweiterten Aufgaben wurde jedoch vielfach behindert. Der Ausbau der befestigten Räume verlief schleppend. Beispielsweise ersetzte der Kommandeur der 13. Infanteriedivision, General Wischnerewskij, den bisherigen Kommandeur des Festungsrayons. Er war kein Festungsspezialist. Ein Grundsatz besagte jedoch, wenn man Anlagen die Verteidigung aus befestigten Anlagen führen will, muß man entsprechend ausgebildet sein oder braucht Berater mit guten Geländekenntnissen. Diese standen aber in den wenigsten Fällen zur Verfügung.

Ein Teil der Festungsanlagen konnte erst ab 1936 mit modernen Geschützen versehen werden. Verstärkt ausgebaut wurden Letischewskoje, Mogiljow, Jampol, Nowgorod-Wolynski, Minsk, Polozk und Mosyr. Insgesamt brachten die Modernisierungsmaßnahmen jedoch nicht die erhofften Ergebnisse. Dem Wert der Befestigungsanlagen widmete man nun auch nicht mehr die nötige Aufmerksamkeit. Negative Auswirkungen brachten die stalinistischen Säuberungen in der Armee in dieser Zeit. Grigorenkow schildert auch dazu ein Beispiel: Eine Kommission vom Volkskommissariat für Verteidigung kontrollierte die Festungsbauten auf ihre Einsatzbereitschaft. Sie war völlig inkompetent. Schwere Vorwürfe erhob die Kommission wegen angeblicher Druckunterschiede in den Räumen der Festungsanlagen. Ursache war lediglich ein Meßfehler. Wenig beachtet wurde auch die Notwendigkeit, Ventilationssysteme zum Schutz vor Giftgas einzuführen.

Einschneidende politische und militärische Veränderungen brachte das Jahr 1939. Der Zweite Weltkrieg begann, und die Sowjetunion verschob ihre Staatsgrenze im Westen um etwa 250 km. Damit verloren die »befestigten Räume« in den Augen einiger Militärs endgültig ihre Bedeutung. Erhalten blieb die Gliederung in einzelne Militärbezirke. Es gab aber nach wie vor befestigte Räume und Abschnitte, die in den vier Festungsrayons zusammengefaßt wurden. Sie blieben als zweite strategische Verteidigungsstaffel nun im Hinterland bestehen.

Zum Schwerpunkt der Befestigungsarbeiten wurde die neue Staatsgrenze. Im November 1939 stimmten der zuständige Stellvertreter des Volkskommissars für Verteidigung, Marschall

Zeitgenössische Zeichnung eines deutschen Soldaten aus einem befestigten Gebiet der Stalin-Linie.

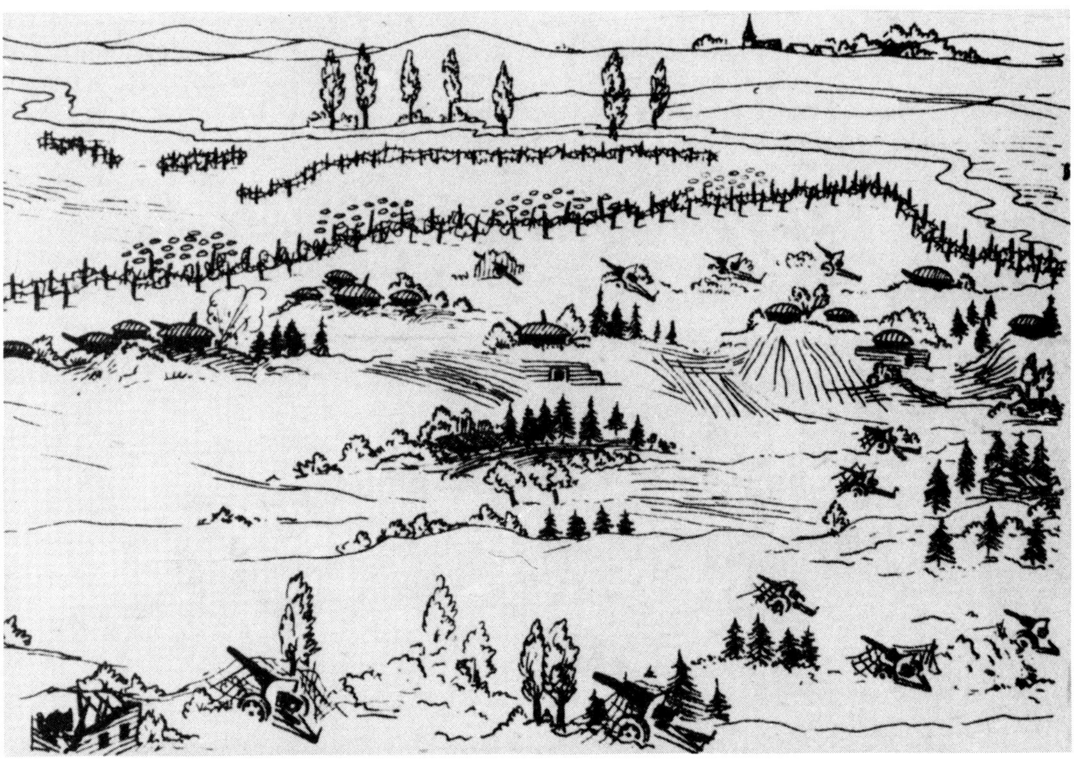

MG-Schartenstand leichten Ausbaus, durch Erdaufschüttung und Rasenplattenauflage getarnt.

Kulik, der für den Bau von Befestigten Räumen verantwortliche Stellvertreter, Marschall Schaposchnikow und das Mitglied des Hauptmilitärrates Shdanow für Maßnahmen, um die neue Grenze zu verstärken. Bis dahin hatte man die Truppenstärke in den alten befestigten Räumen reduziert. Jetzt jedoch vertrat die militärische Führung die Auffassung, daß die Bewaffnung nicht mehr in vollem Umfang erforderlich war. Aus der laufenden Produktion konnten die erforderlichen Geschütze ohnehin nicht bereitgestellt werden. Deshalb wurde beschlossen, sie aus den vier Festungsrayons im Landesinnern auszubauen und an der neuen Grenze zu verwenden. So ist es zu erklären, daß die veralteten Geschütze der Baujahre 1929-1935 in die neuen Anlagen eingebaut wurden. Gegen diese Maßnahmen intervenierten zahlreiche hohe Offiziere, unter anderem Shukow. Man einigte sich schließlich auf einen Kompromiß. Ein Teil der Waffen verblieb somit in den alten Befestigungsanlagen. Damit blieb die Möglichkeit erhalten, im Landesinneren bei Bedarf eine standhafte Verteidigung aufzubauen. Shukow äußerte sich nach dem Krieg: Die Befestigten Räume an der alten Staatsgrenze wurden nicht geschleift, wie in einigen Memoiren und historischen Beiträgen

Gegenüberstellung der sowjetischen Befestigungsanlagen und der Maginot-Linie

	Bezeichnung der Stellung	Läge in km	Zahl der ständigen Befestigungen	Befestigungsdichte Zahl der Anlagen je km
Sowjetunion	a. Grenzbefestigung	1300	1113	0,9
	b. Stalin Linie	1835	3096	1,7
	Gesamt	3135	4209	1,3
Frankreich	Maginot-Linie	848	6085	7,7

behauptet wird, sondern sie wurden nach den ökonomischen Möglichkeiten weiter ausgebaut.

Im Februar und März 1941 behandelte angesichts der komplizierten politischen und militärischen Lage der Oberste Militärrat die Frage, wie der Bau der neuen Befestigungsanlagen an der neuen und der alten Grenze und ihre Bewaffnung schnellstens abgeschlossen werden konnte. Der langsame Fortgang der Arbeiten machte 1941 neue Direktiven für die Befestigten Räume erforderlich:

1. Für die Führungsaufgaben sind ausgebildete Kader bereitzustellen.
2. Für die Errichtung des Artillerie- und Maschinengewehrfeuersystems sind in jedem Verteidigungsknoten und jedem Stützpunkt Plätze für Holz- und Betonlager zu schaffen, die in den ersten Kriegstagen von den Feldtruppen für den Ausbau von Stellungen benötigt würden.
3. Auf Grund der Projekte und technischen Anweisungen der Verwaltung Verteidigungsbau ist der Bedarf an Waffen und der notwendigsten Innenausstattung erneut zu berechnen.
4. Alle im Militärbezirk vorhandenen Waffen für die befestigten Räume sind unverzüglich in die Kampfanlagen einzubauen und diese in Gefechtsbereitschaft zu versetzen.
5. Soweit Spezialwaffen fehlen, sind schwere Maschinengewehre mit normalen Lafetten und wo möglich Geschütze in Schießscharten provisorisch aufzustellen.
6. Es ist unbedingt der Einbau gepanzerter, metallener Gittertüren zu realisieren.
7. Die notwendige Pflege und Sicherung der Waffen in den Anlagen ist zu sichern.
8. Es sind Richtlinien für den provisorischen Einbau von Waffen in Stahlbetonanlagen zu erarbeiten.

Betonierte Kampfanlage für Maschinengewehr und Panzerabwehrkanone mit sichtbarer Pakscharte, wiederum durch Erdaufschüttung und die Anpflanzung von Sträuchern getarnt.

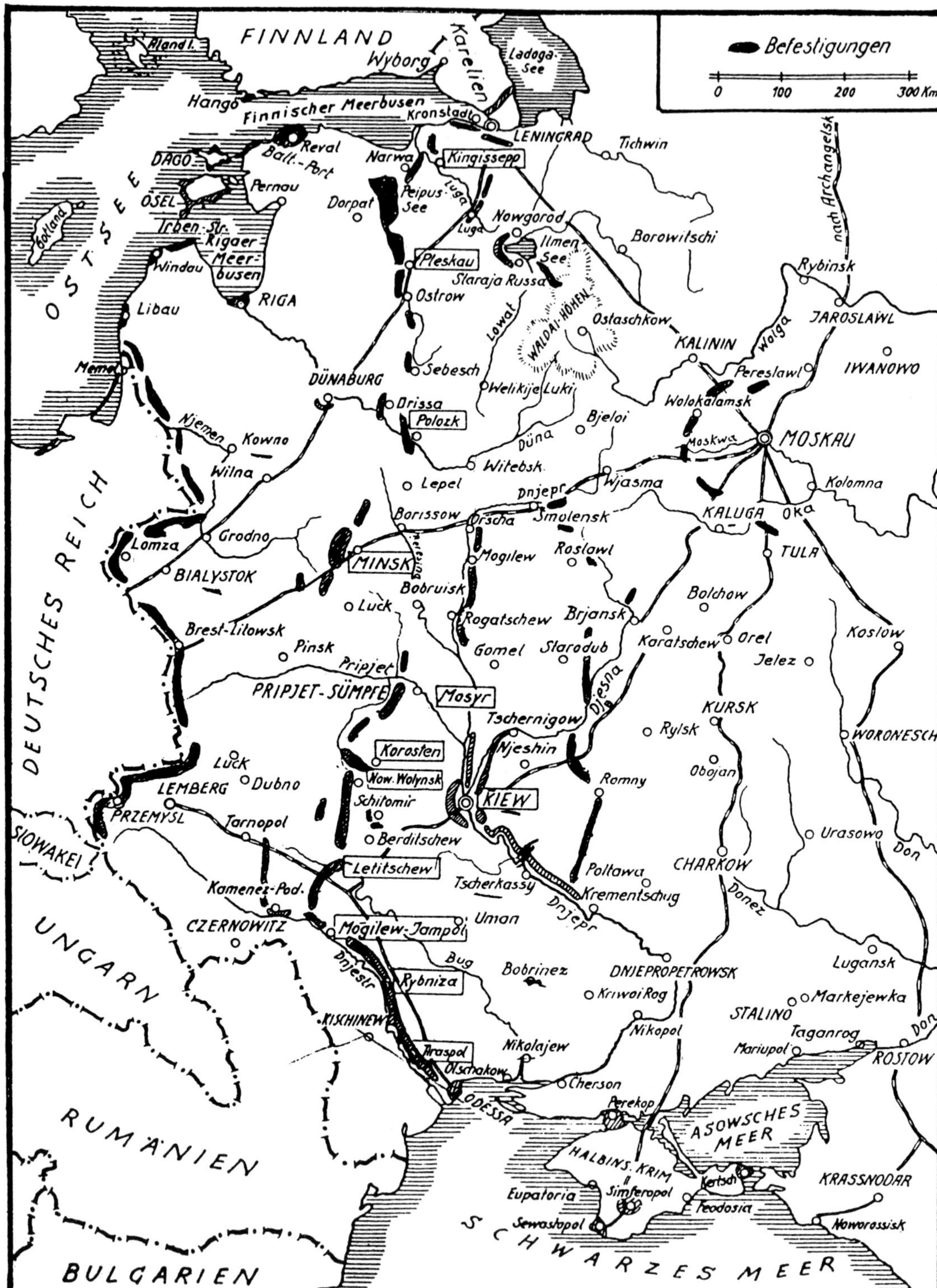
Befestigungen
0
100
200
300 Km
FINNLAND
Aland I.
Wyborg
Karelien
Ladoga-See
Hangö
Finnischer Meerbusen
Kronstadt
LENINGRAD
Tichwin
Reval
Balt.-Port
DAGO
ÖSEL
Narwa
Kingissepp
Pernau
Dorpat
Peipus-See
Luga
Gotland
OSTSEE
Irben-Str.
Rigaer Meerbusen
Nowgorod
Ilmen-See
Borowitschi
Windau
Pleskau
Staraja Russa
Rybinsk
RIGA
Ostrow
nach Archangelsk
Libau
Lowat
WALDAI-HÖHEN
Ostaschkow
JAROSLAWL
KALININ
Wolga
IWANOWO
Memel
Sebesch
Pereslawl
DÜNABURG
Welikije Luki
Wolokolamsk
Drissa
Polozk
Bjeloi
Njemen
Kowno
Düna
Moskwa
MOSKAU
Wilna
Witebsk
Lepel
Wjasma
Kolomna
DEUTSCHES REICH
Dnjepr
Borissow
Smolensk
KALUGA
Oka
Orscha
Grodno
Lomza
Roslawl
Mogilew
TULA
MINSK
BIALYSTOK
Bobruisk
Bolchow
Luck
Brjansk
Rogatschew
Koslow
Brest-Litowsk
Pinsk
Gomel
Starodub
Karatschew
Orel
Pripjet
Jelez
PRIPJET-SÜMPFE
Mosyr
Desna
KURSK
Tschernigow
Rylsk
WORONESCH
Korosten
Njeshin
Luck
Dubno
Oboja
LEMBERG
Now. Wolynsk
Romny
Schitomir
KIEW
PRZEMYSL
Tarnopol
Berditschew
Urasowo
SLOWAKEI
Don
Letitschew
Poltawa
CHARKOW
Kamenez-Pod.
Tscherkassy
Krementschug
Donez
UNGARN
CZERNOWITZ
Uman
Mogilew-Jampol
Dnjepr
Bug
Dnjestr
Lugansk
Bobrinez
Rybniza
DNJEPROPETROWSK
Kriwoi Rog
Markejewka
STALINO
KISCHINEW
Nikopol
Taganrog
Don
Tiraspol
Nikolajew
Mariupol
ROSTOW
Otschakow
Cherson
ODESSA
Perekop
ASOWSCHES MEER
RUMÄNIEN
HALBINS. KRIM
KRASSNODAR
Eupatoria
Simferopol
Kertsch
Feodosia
Sewastopol
Noworossisk
SCHWARZES MEER
BULGARIEN

Bis Juni 1941 waren ca. 1000 der 2500 errichteten Anlagen mit Geschützen und Maschinengewehren aus den alten Befestigungsanlagen und aus der Neuproduktion bestückt. Grundlage dafür bildete die im März 1941 beschlossene Planung zur Mobilmachung der Industrie. Alle diese Maßnahmen kamen jedoch bis zum Kriegsbeginn nicht mehr zur vollen Wirkung. Nur dort, wo die Befestigten Räume rechtzeitig besetzt worden waren, konnte den deutschen Truppen kurze Zeit Widerstand entgegengesetzt werden. Oft waren es Mängel im Ausbau der befestigten Räume, die es den deutschen Truppen ermöglichten, die Festungsanlagen schnell zu überwinden. Dazu zählte auch die nicht rechtzeitig erfolgte Besetzung der Verteidigungsanlagen, wofür 6-10 Stunden für die Besetzung veranschlagt waren. (Grigorenkow gibt in seiner Abschlußarbeit einen Zeitraum von zehn Stunden an).

Zusammenfassend läßt sich sagen, daß die neue und alte Befestigungslinie bei voller Gefechtsbereitschaft durchaus ihre Dienste hätte tun können. Um sie zu erreichen, wäre allerdings eine klare und konsequente Verwirklichung der verabschiedeten Richtlinien in der Praxis erforderlich gewesen. Das ist nicht geschehen.

Seitenansicht einer Artillerieanlage. Gut erkennbar sind die beiden Geschützeinfahrten, das Entlüftungsloch, ein Eingang und zwei Maschinengewehr-Scharten. Truppenberichte über Kampfhandlungen bestätigten, daß Eisenbetonbauten dieser Art durch Artilleriebeschuß nicht niedergekämpft werden konnten. (vgl. auch "Denkschrift über die russische Landesbefestigung")

Aus der Zeit vor 1914 stammende polnische Festungsanlagen, die nach der Besetzung der polnischen Ostgebiete 1939 ausgebaut wurden. Hier handelt es sich um Schartenstände zur Verstärkung alter Forts.

Gleichfalls alte Anlage von vor 1914. Schartenstand mit Panzerkuppel, der an Stelle eines alten Erdwerkes erbaut wurde.

Festungsanlagen an der Küste werden nach der Besetzung durch deutsche Offiziere besichtigt. Die Küstenstreifen der Sowjetunion waren im Westen ebenfalls stark ausgebaut. Diese Anlagen gehörten nicht zur Stalin-Linie, deckten jedoch deren Flanke zur Ostsee und zum Schwarzen Meer hin.

Kampfanlage schweren Ausbaus für Maschinengewehr und Panzerabwehrkanone.

Noch heute bei Zwiahel existierender Zweischartenstand für 76,2 mm Kanone.

Volltreffer der deutschen Artillerie haben diese Bunkeranlage zerstört. Deutlich sichtbar die Einschläge an der Scharte.

Maschinengewehr-Schartenstand leichten Ausbaus, getarnt durch Baum- und Strauchpflanzungen.

Maschinengewehr-Schartenstände mit Panzerkuppel und Artillerie-Werk mit zwei Flankierungsscharten.

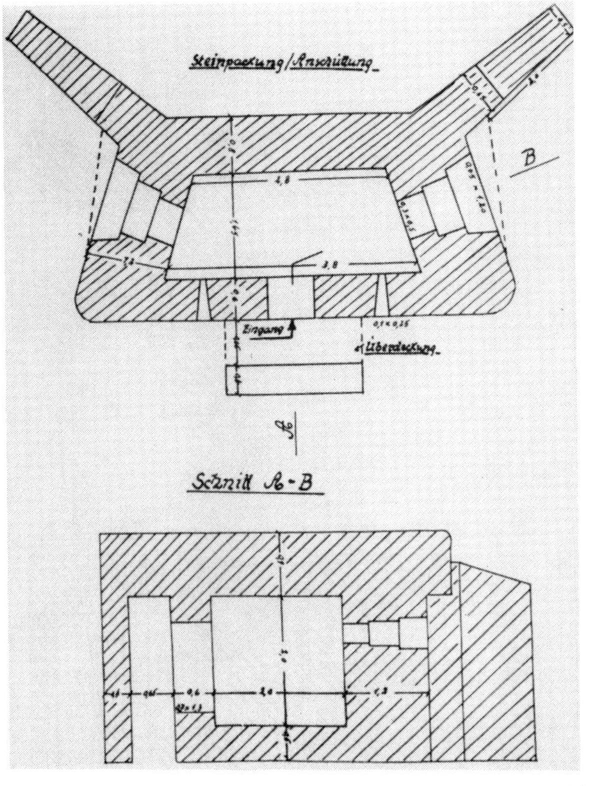

Zeichnung eines Maschinengewehr-Schartenstandes im Grundriß und im Schnitt.

Ansicht eines Maschinengewehr-Schartenstandes. Der Eingang ist durch einen Vorbau geschützt. Links und rechts vom Eingang befinden sich zwei Mauerscharten für Gewehr und Pistole zur Eingangsverteidigung. Links der großen MG-Scharte eine Flügelmauer zu deren Schutz gegen Feuer. Vorn ist die Bunkerdecke mit Tarnhaken versehen.

MG-Schartenstand mit Panzerkuppel. Links die Aufschüttung auf dem Schartenstand, die kombinierte MG- und Beobachtungs-Panzerkuppel und rechts der Eingang mit der Gittertür.

Panzerkuppel in der Stalin-Linie nach Einnahme der Anlage durch deutsche Infanterie.

Panzerkuppel mit MG- und Beobachtungsscharten. Vorn im Bild eine MG-Scharte. Der untere Schartenteil hat einen treppenförmigen Stahleinsatz mit Kugelkopfscharte, im oberen Teil ist der Beobachter-Schutz aus Sekurit-Glas (Sicherheitsglas). Die rechte Scharte auf dem Bild ist eine der drei rückwärtigen Beobachtungs-Scharten ohne Stahleinsatz.

Beobachtungs-Panzerkuppel mit einziehbaren Verschlußstücken.

Maschinengewehr-Schartenstand mittleren Ausbaus mit zwei Panzerkuppeln von hinten und vorn gesehen. Die linke Panzerkuppel ist zur Beobachtung, die rechte für MG bestimmt. Der Eingang wird durch eine Gittertür geschlossen. Der Durchbruch links daneben diente als Notausgang und zum Durchreichen der Munition. An der Böschung befinden sich zwei Lüftungsrohre. Die rechte Kuppel hat einen sehr hohen Aufzug und ist daher schon von weitem zu erkennen. Der Zwischenraum zwischen den Kuppeln beträgt etwa 5 m und ca 8,70 m. Von vorn ist die Aufschüttung der Anlage durch stärkeren Artilleriebeschuß zerstört. Links befindet sich eine MG-Panzerkuppel mit sechs Scharten und rechts eine kombinierte MG- und Beobachtungs-Panzerkuppel mit drei MG-Scharten nach vorn und nach schräg vorn mit zwei Beobachtungsscharten nach der Seite und nach hinten.

Kampfanlage mittleren Ausbaus für Maschinengewehr, Panzerabwehrkanone und Granatwerfer. Neben dem Eingang befindet sich die Einfahrt für die Panzerabwehrkanone.

Eine im Bau befindliche Artillerie-Kampfanlage. Sehr deutlich sichtbar die beiden gestaffelten Geschützscharten. Vor der linken Geschützscharte befinden sich zwei Maschinengewehr-Scharten. Die vier Rohröffnungen links sind für die Lüftung bestimmt. Auf der Decke, wo die Zementsäcke liegen, sollte eine Bobachtungskuppel eingebaut werden.

Fertiggestellte Artillerie-Kampfanlage mit Beobachtungs-Panzerkuppel. Sichtbar ist die Artilleriescharte. Rechts ein mit Gras ausgeflochtenes Tarngitter. Auf der Decke des Schartenstandes eine Maschinengewehr-Kuppel mit auffallend hohem Aufzug.

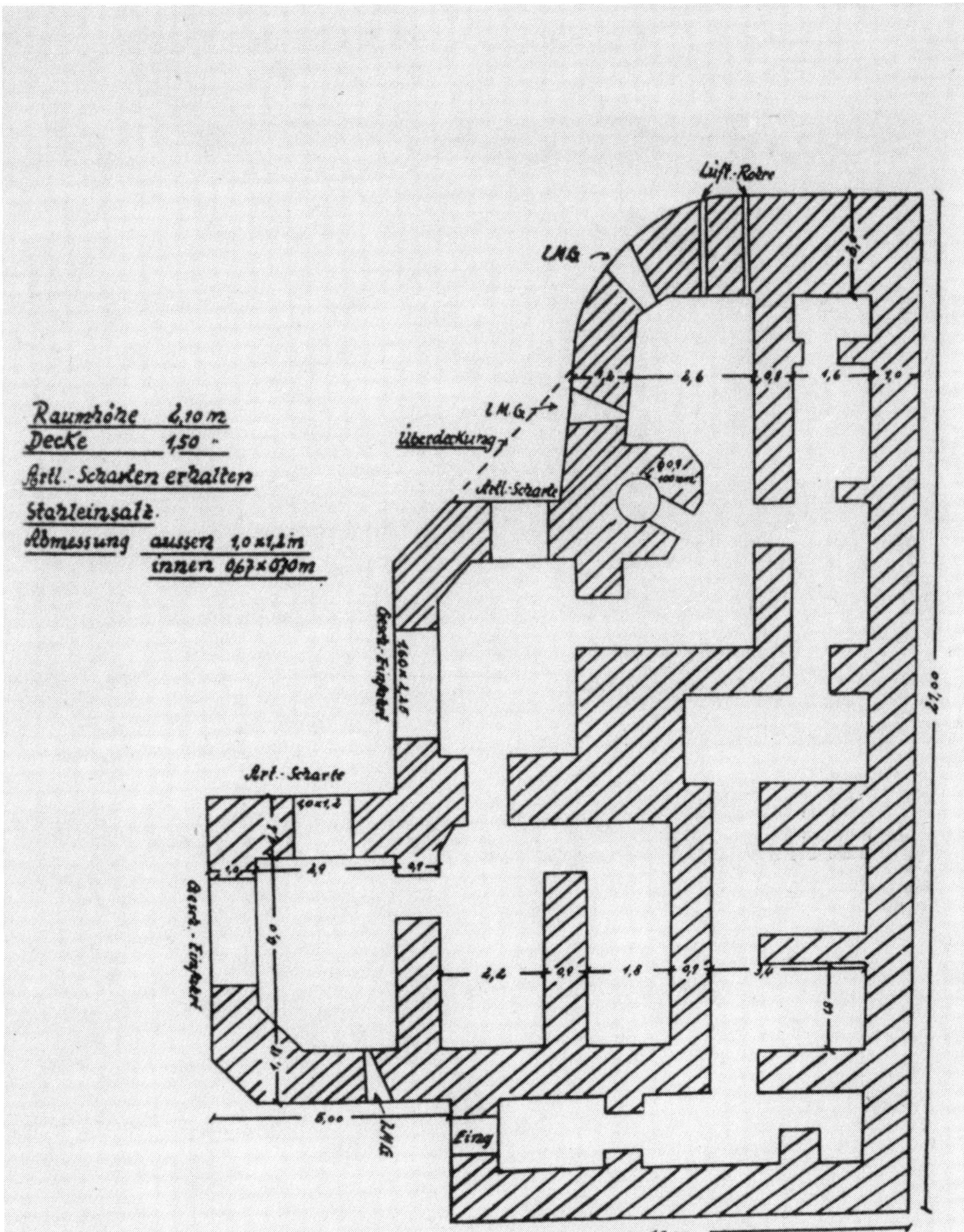

Grundriß der Artillerie-Kampfanlage.

Maschinengewehr-Mauerscharte von innen gesehen. Der helle Streifen ist der Beobachtungsschlitz. Unter dem Beobachtungsschlitz die Kugelkopfscharte mit Schießgestell und Lafette. An der Decke das Lüftungsrohr und am unteren Bildrand das Wasserleitungsrohr für die Kühlung des Maschinengewehrs.

Kampfraum und Geschützeinfahrt einer Artillerie-Scharte von innen.

Ofenrohr einer Kampfanlage im heutigen Zustand bei Zwiahel.

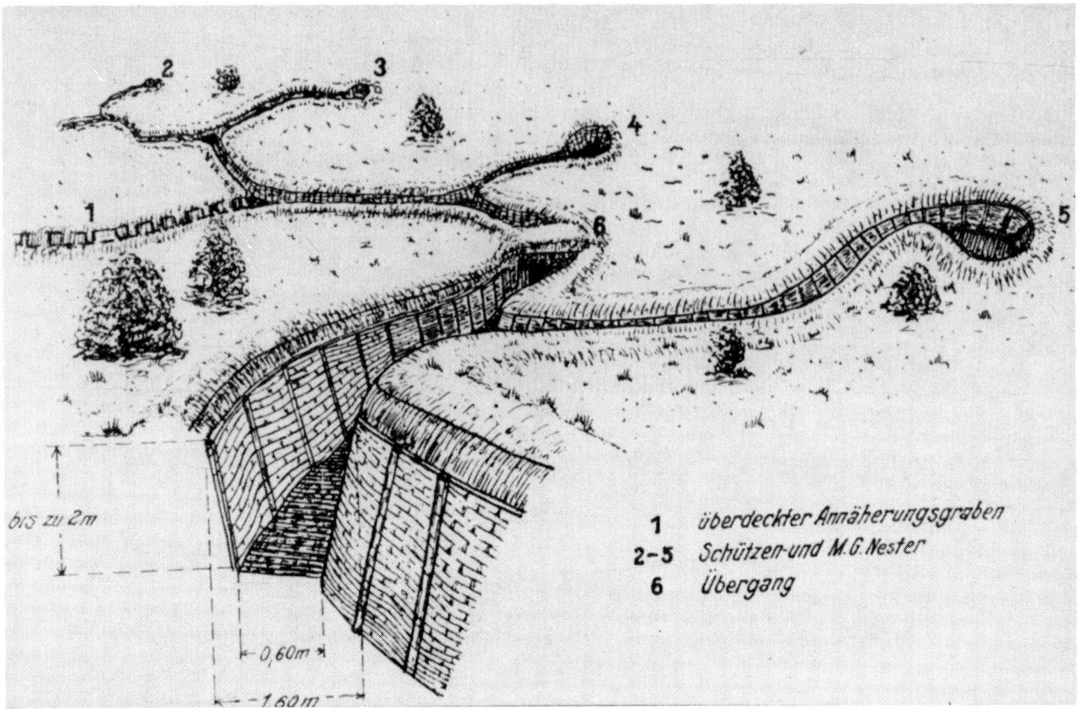

Schützengraben mit Schützen- und Maschinengewehr-Nestern sowie einem gedeckten Annäherungsgraben. Bild unten Querschnitt durch einen gedeckten Annäherungsgraben.

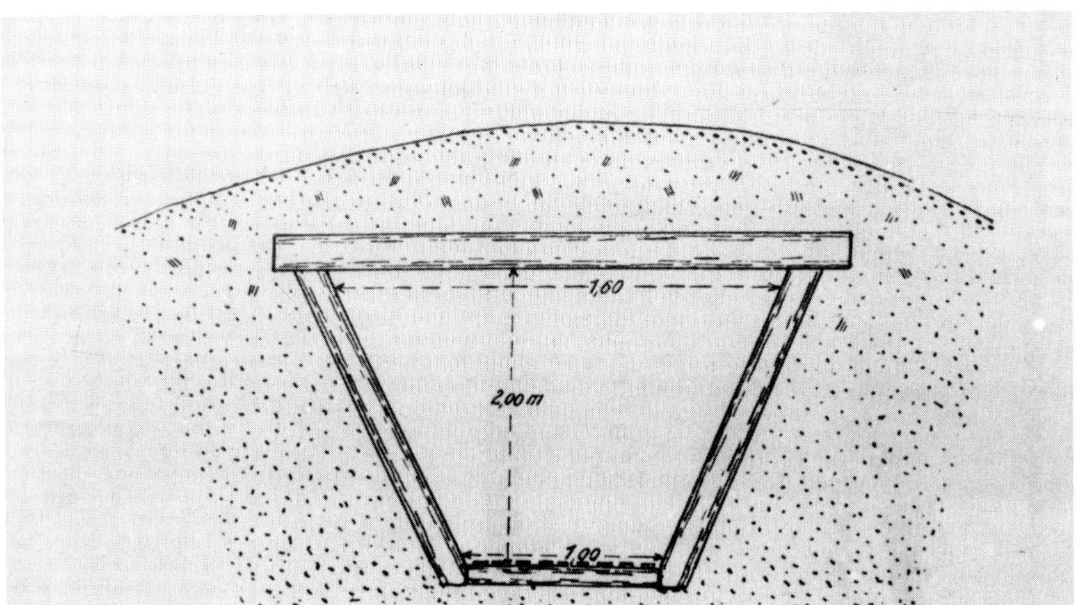

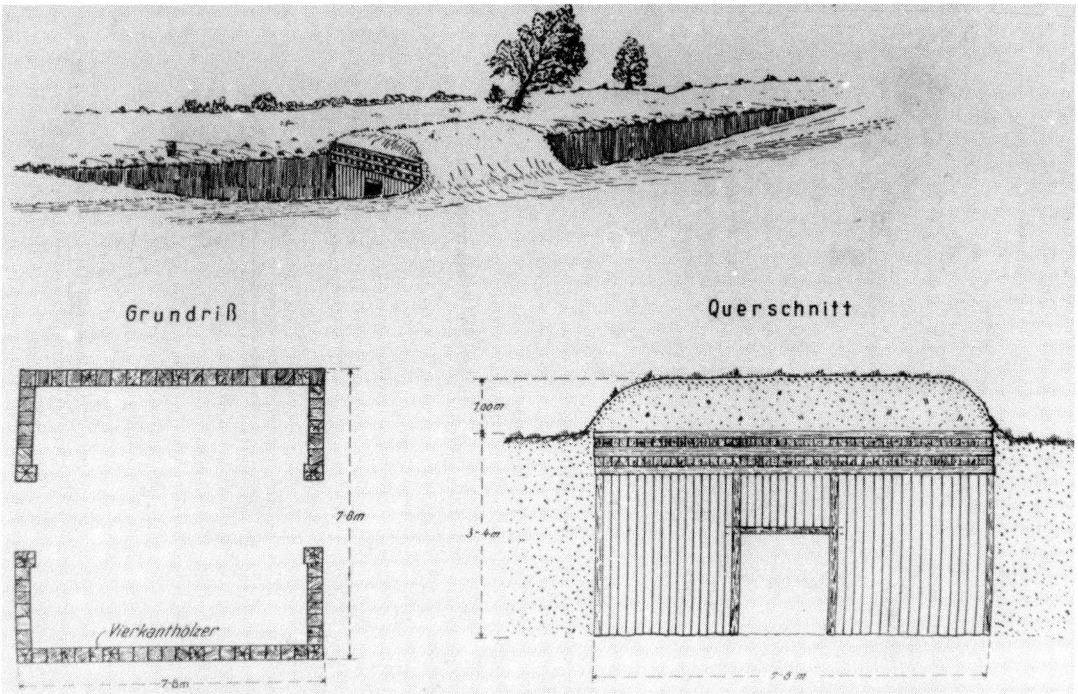

Zeichnungen behelfsmäßiger Bereitschaftsräume im Grundriß und Querschnitt.

Zeichnung zweistöckiger Bereitschaftsräume. Sie sind im Gelände nicht erkenntlich, da vollständig in die Erde eingelassen. Der Einstieg erfolgt durch zwei entgegengesetzt liegende Einstiegsöffnungen, die durch Holzklappen verschlossen sind. Eisenklammern in den Betonwänden dienten als Treppen.

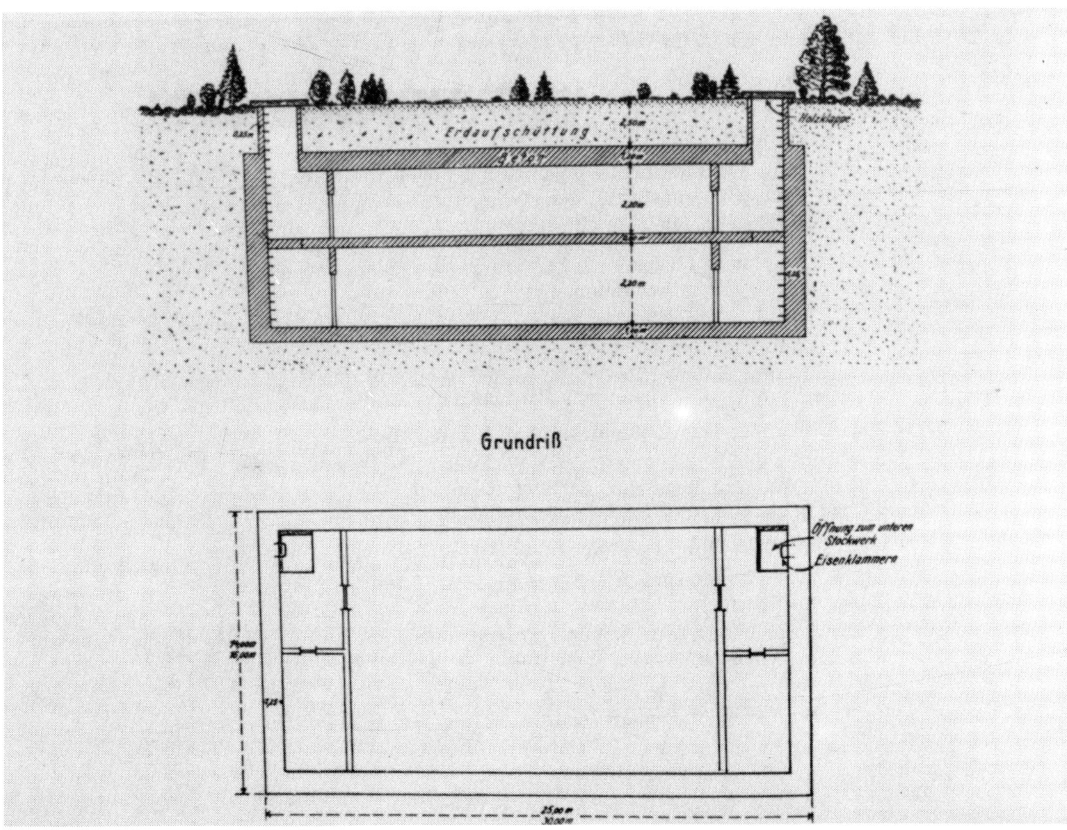

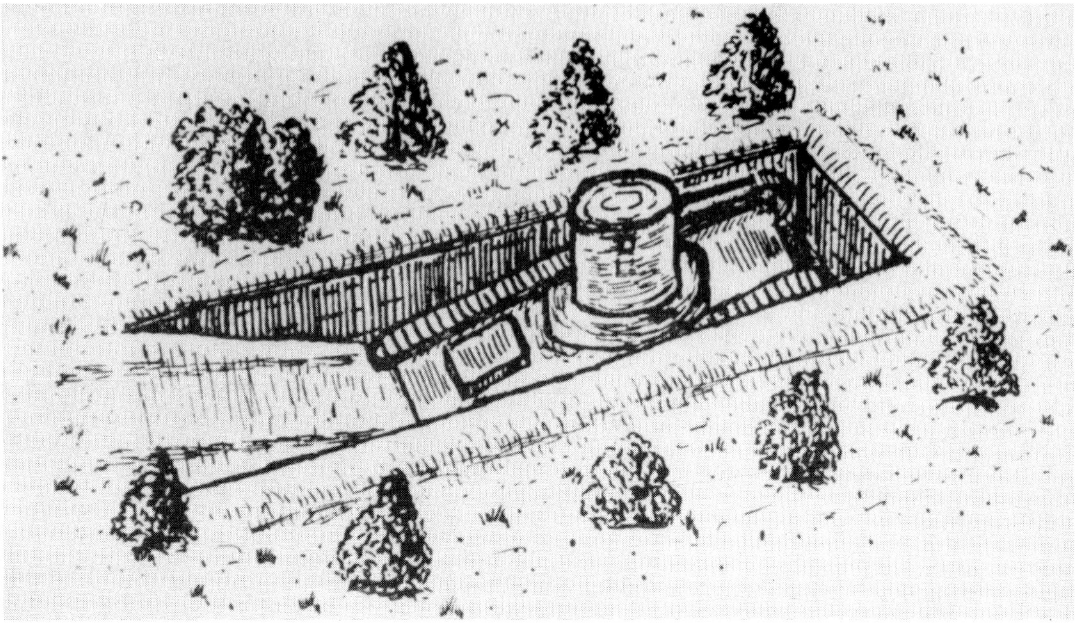

Offener Panzerwagenstand.

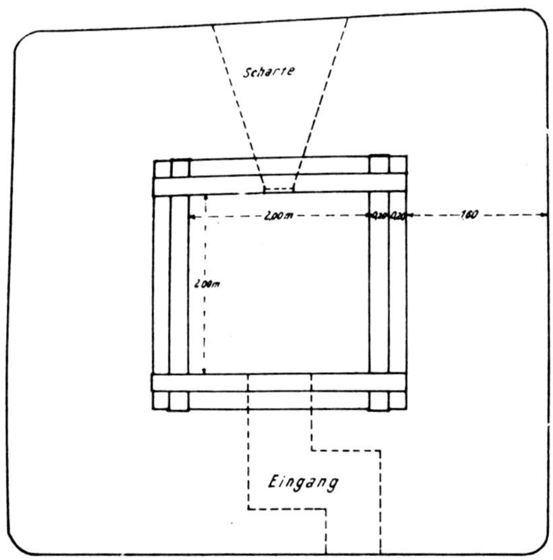

Mitte und unten: Grundrißzeichnung und Querschnitt eines Maschinengewehr-Schartenstandes mit Schützengraben, eingebaut.

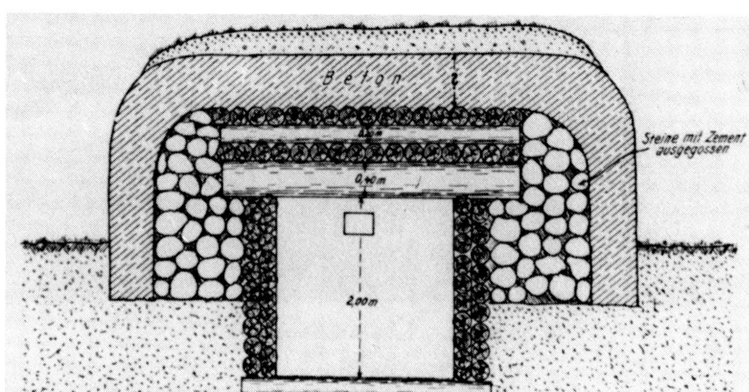

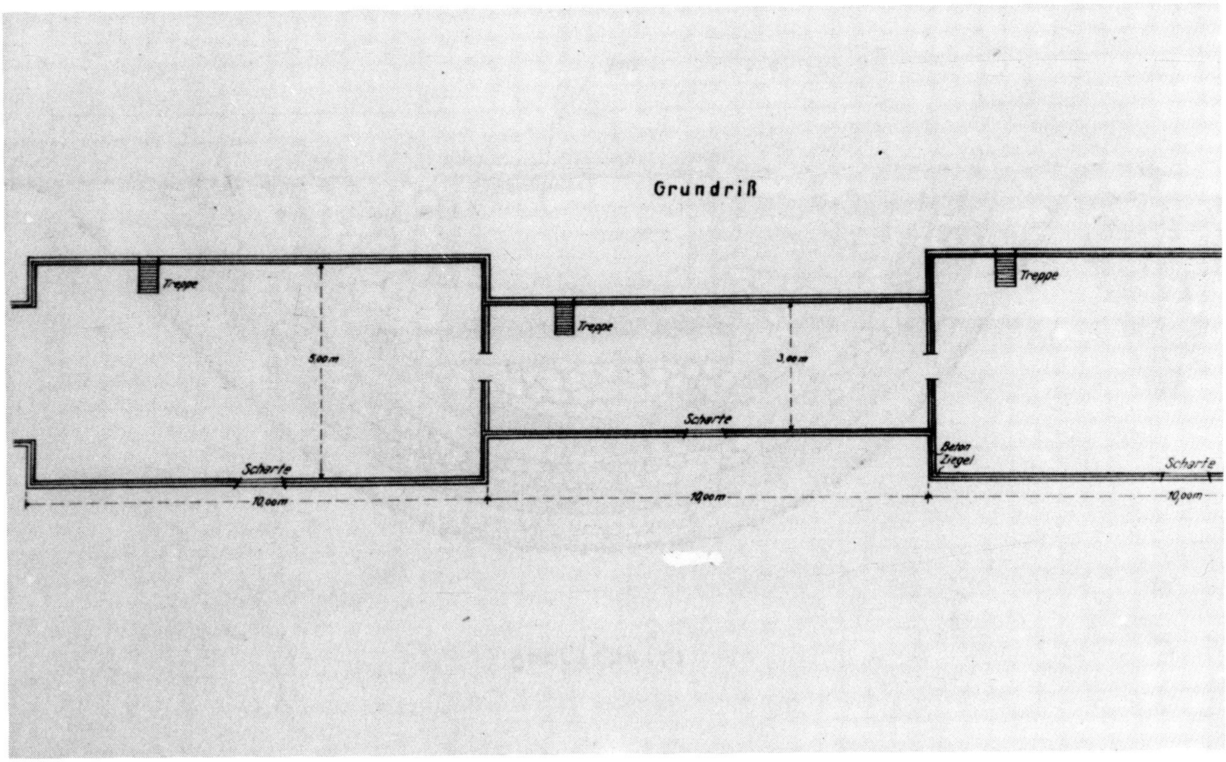

Betonierter Geschützstand leichten Aus baus.

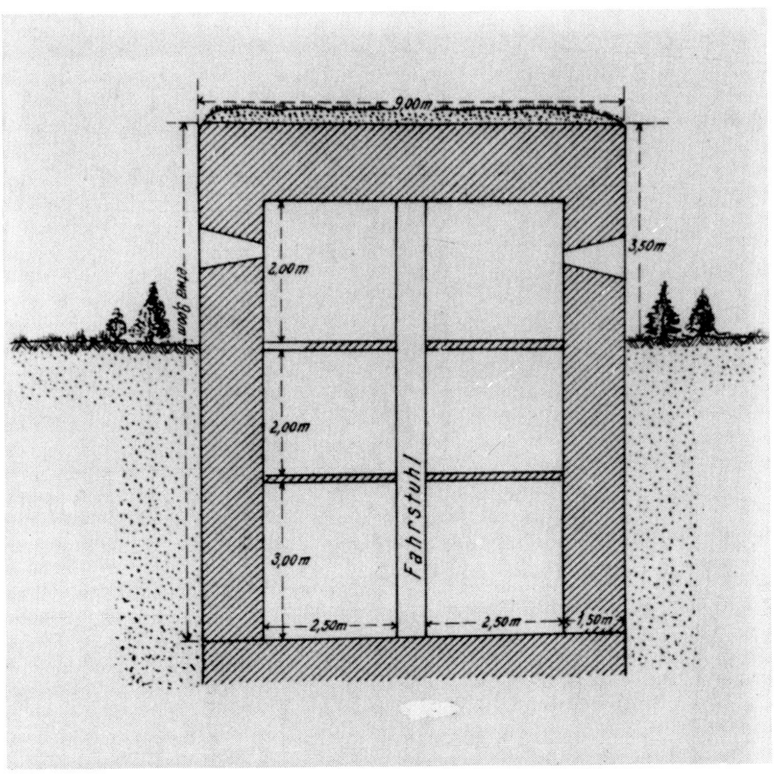

Dreistöckige Kampfanlage mittleren Ausbaus für Maschinengewehr und Panzerabwehrkanone bzw. Geschütze.

Luftbildaufnahme der Stalin-Linie aus der Stabsbildmeldung Nr.3 des Armeeoberkommandos (A.O.K.) 17 KOLUFT.

Die umkämpfte Stalin-Linie. Hierbei handelt es sich um ein noch nicht fertiggestelltes Bunkersystem mit mehreren Anlagen.

Dreischartenstand aus der Stalinlinie. Gut zu sehen der zerstörte Tarnschirm.

Die sowjetischen Befestigungsanlagen wurden nach ihrer Widerstandsfähigkeit gegen Beschuß in offene, splittersichere, verstärkte mittelstarke, schwere und überschwere unterschieden.

Durch Erdbeschuß zerstörte Kampfanlage an der nord-östlichen Derazina.

Luftbildaufnahme einer ungetarnten Kampfanlage.

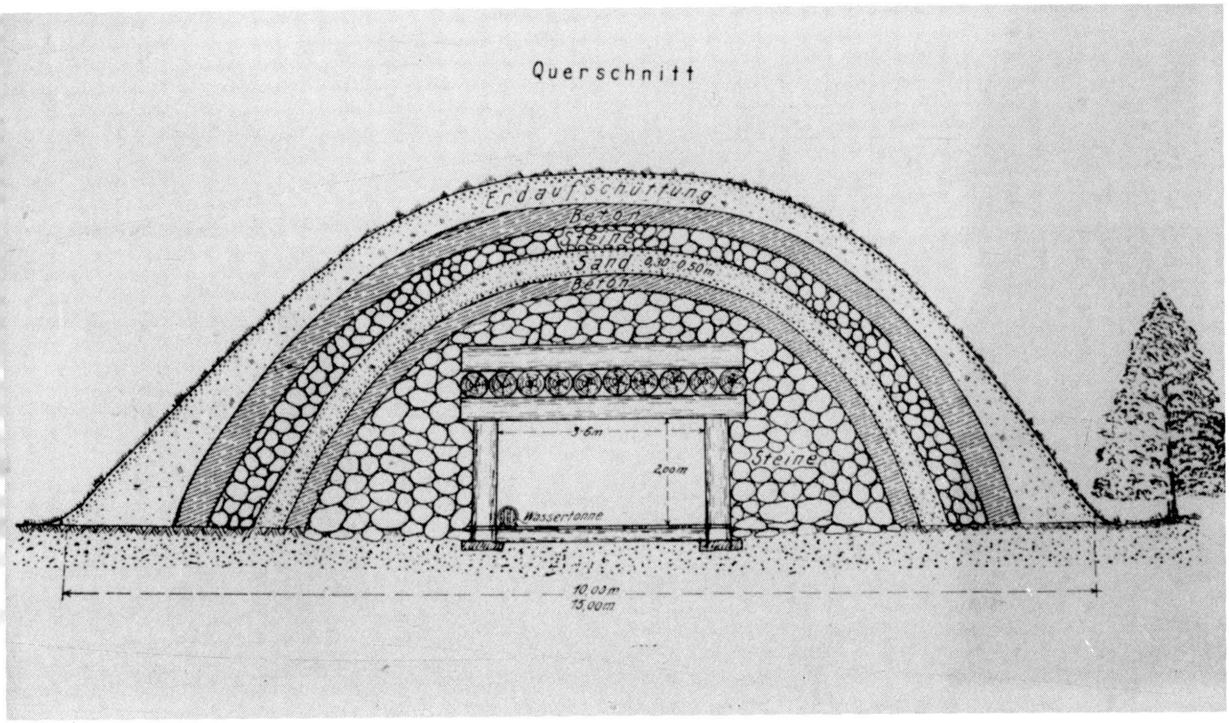

Querschnitt eines leicht betonierten Maschinengewehr Schartenstandes, unten eine zerstörte Anlage.

Eine der gut getarnten Kampfanlagen gegen Fliegersicht in der Stalin-Linie. Im Gegensatz die auf der unteren Abbildung gezeigte Kampfanlage, die schlecht getarnt war und demzufolge schnell Opfer deutscher Bomben wurde.

Oben: Zerstörte Kampfanlage. Zahlreiche Bunker wurden jedoch ohne größere Kampfhandlungen eingenommen, weil die sowjetischen Truppen nicht rechtzeitig ihre Stellungen eingenommen hatten.

Mitte: Die Zeichnung von W. Biering zeigt den Bunkerkampf an der Stalin-Linie. Der Kampf um die sowjetische Verteidigungslinie wurde propagandistisch stark aufgewertet. Dabei knüpfte man bewußt an die erfolgreichen Kämpfe um die "Maginot-Linie" und die "Metaxas-Linie" an, die bereits überwunden worden waren.

Aufnahme des PK-Bildberichters Holzapfel. Er berichtete im Illustrierten Beobachter von 1941 über die Einnahme sowjetischer Bunker. Der Beton über den Schießscharten ist von dem Flammenstrahl des Werfers geschwärzt. Zu sehen sind auch Einschläge, die vermutlich vom Beschuß mit 3,7-cm-Pak stammen.

Der Zustand der Bunkeranlagen 55 Jahre später. Unten Einstiegstreppe in die Anlage, gut sichtbar die Klammern.

Scharte für das schwere Maschinengewehr des gleichen Bunkers.

Scharte einer Panzerkuppel. Zum Größenvergleich wurde eine Streichholzschachtel hingestellt. Aufnahme von 1996.

Reste einer Periskopkonstruktion (Fernrohr mit einem durch totalreflektierende Prismen, zweimal rechtwinkelig geknicktem Gang des Lichtstrahls) Aufnahme 1996.

Schießscharte mit zerstörter 76,2-mm-Kanone, Aufnahme 1996.

Scharte für schweres Maschinengewehr von innen, Aufnahme 1996.

Artillerie-Scharte im Innern des Kampfraums für ein Geschütz. Die Stahlseile der rechten Mauerscharte dienen zum Schließen und die äußeren Stahlseile links und rechts zum Öffnen der zweiflügeligen Blenden. Die linke Scharte war für frontales, die rechte für flankierendes Feuer bestimmt.

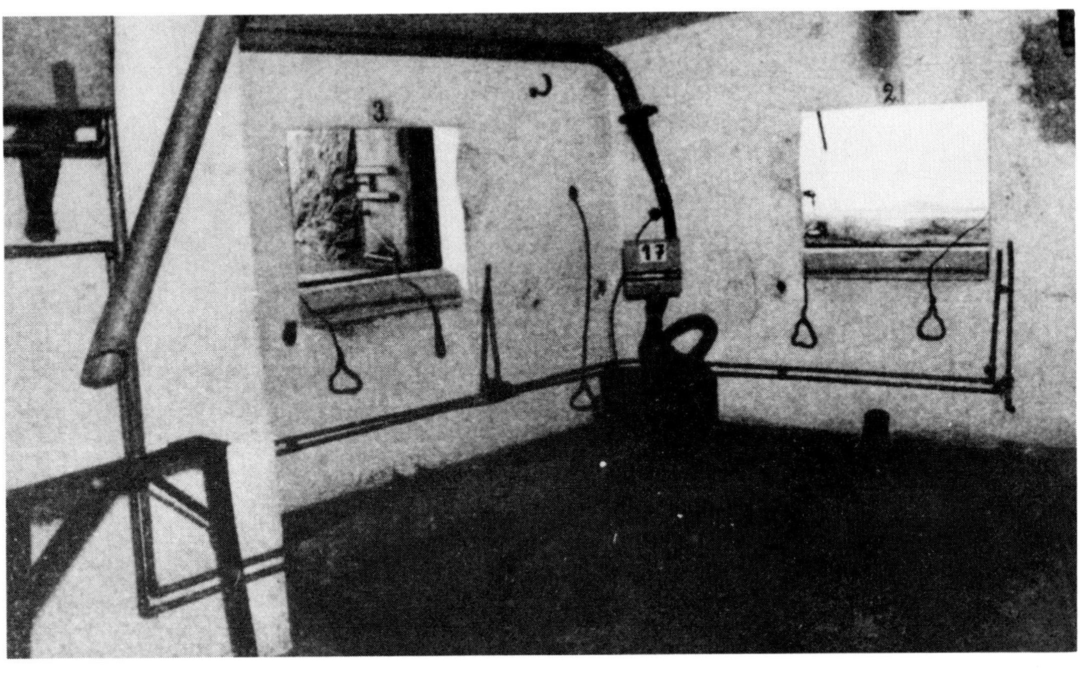

Die Zeichnung zeigt einen als festen Feuerpunkt eingebauten leichten Schwimmpanzer T 38 M-2 in der Stalin-Linie.

BAUTYPEN UND BEWAFFNUNG

Beim Ausbau der Befestigungslinie wurden verschiedene Typen von Festungsbauten, andere betonierte Kampfanlagen sowie Hindernisse in allen Formen und Größen errichtet und ihre Bewaffnung eingebracht. Dazu gehörten kleinste Maschinengewehr-Schartenstände mit Kantenlängen von 4 x 4 m bis zum mit mehreren Maschinengewehren bestückten Bunker, größere Artilleriewerke und Maschinengewehrwerke. Es handelte sich in der Regel um einstöckige, teilweise um zweistöckige Anlagen. Man unterschied in:

Behelfsmäßige Festungsbauten

Dazu zählten Stände für Panzerabwehrkanonen, die »Tauty« (sinngemäß: geheimer Ort/ Versteck) genannt wurden. Sie hatten einen rechteckigen Grundriß von 3 x 7 m. Die Höhe der Innenwände betrug etwa 2 m. Das Fundament bestand aus einer Schicht von Feldsteinen mit einer 40 cm starken Eisenbetonauflage. Für die Decke wurde eine doppelte Schicht von je 15 cm starken Fichtenbalken verwendet, die mit einer halben Meter starken Erdschicht bedeckt waren. Die Wände bestanden aus einer einfachen Balkenschicht. Im Inneren befand sich eine eiserne Plattform zur Aufnahme einer Panzerabwehrkanone. Sie ruhte auf dem Eisenbetonfundament. Vorgeschrieben war, daß die Schießscharten etwa 1 m über dem gewachsenen Boden anzulegen sind. Zu beiden Seiten der »Tauty« befanden sich Munitionsdepots, die aus Wellblech erbaut und durch eine zusätzliche Betonschicht geschützt wurden. Türlose Öffnungen zu beiden Seiten der Anlage stellten die Verbindungen zu angrenzenden Feldstellungen her. Der Eingang befand sich an der Rückseite. Türen waren nicht vorhanden.

Weiterhin gab es behelfsmäßige Unterkünfte für Stäbe, sogenannte »Kopaniry«. Sie waren rechteckig und hatten eine Größe von 12 x 20 m. Die Gesamthöhe der Anlage betrug etwa 4 m und die der Innenräume etwa 2,5 m. Nach außen wirkten sie wie eine kleine Erderhebung. Das Fundament bildeten gedielte Balken. Die Wände und die Decke bestanden aus einer doppelten Balkenschicht. Darüber befand sich eine 1 m starke Erdschicht. Im Inneren befanden sich vier Räume.

Strukturmäßige Festungsbauten:

Betonierte Schartenstände leichten Ausbaus. Der leichte Ausbau wurde nach den für die Feldbefestigung üblichen Regeln ausgeführt. Kampfstände dieser Art waren splittersicher und boten Schutz vor dem Beschuß aus leichten Infanteriewaffen. Sie stellten die gebräuchlichste Form der Kampfanlagen in der alten Befestigungslinie dar. In der Regel besaßen sie drei Innenräume.

Tarnschema eines Bunkers mit 76,2-mm-Kanone.

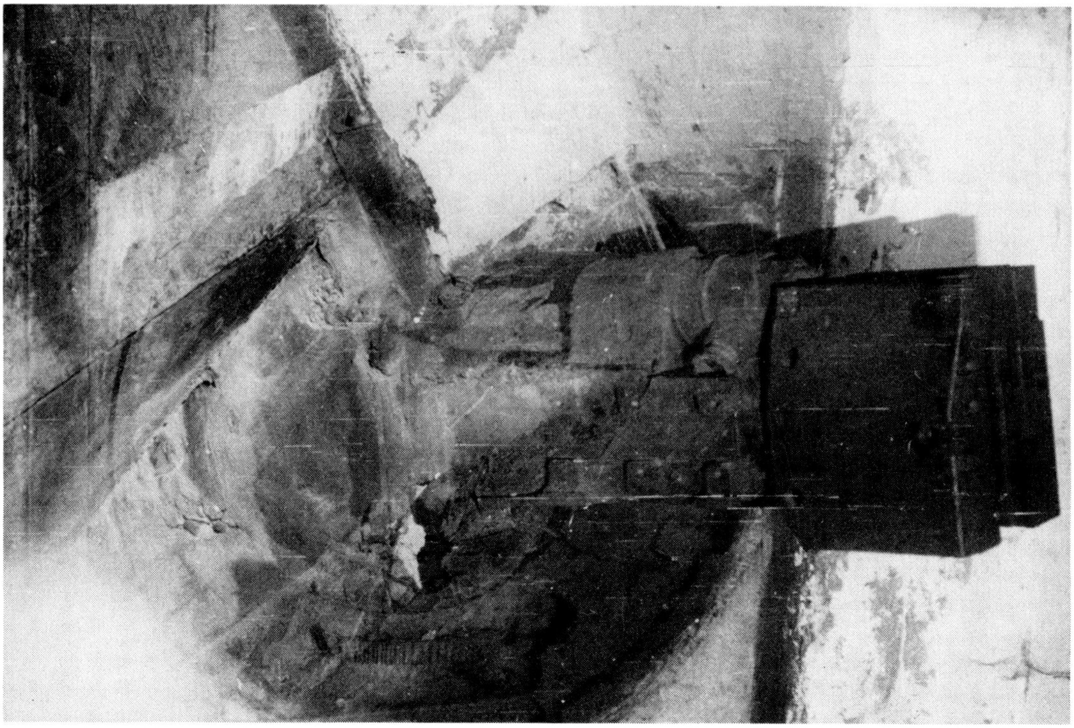

Reste eines 76,2-mm-Geschützes, Aufnahme von 1996.

Geschützschartenstand aus Betonformsteinen zur Aufnahme einer 45-mm-Panzerabwehrkanone 37. Solche behelfsmäßigen Anlagen wurden aber auch mit 76,2-mm-Geschützen bestückt.

Maschinengewehr Schartenstand leichten Ausbaus, als Feldscheune getarnt. Unten Maschinengewehr-Schartenstand leichten Ausbaus oder Unterkunft für die Besatzung, auf dem zur Tarnung ein Haus gebaut ist.

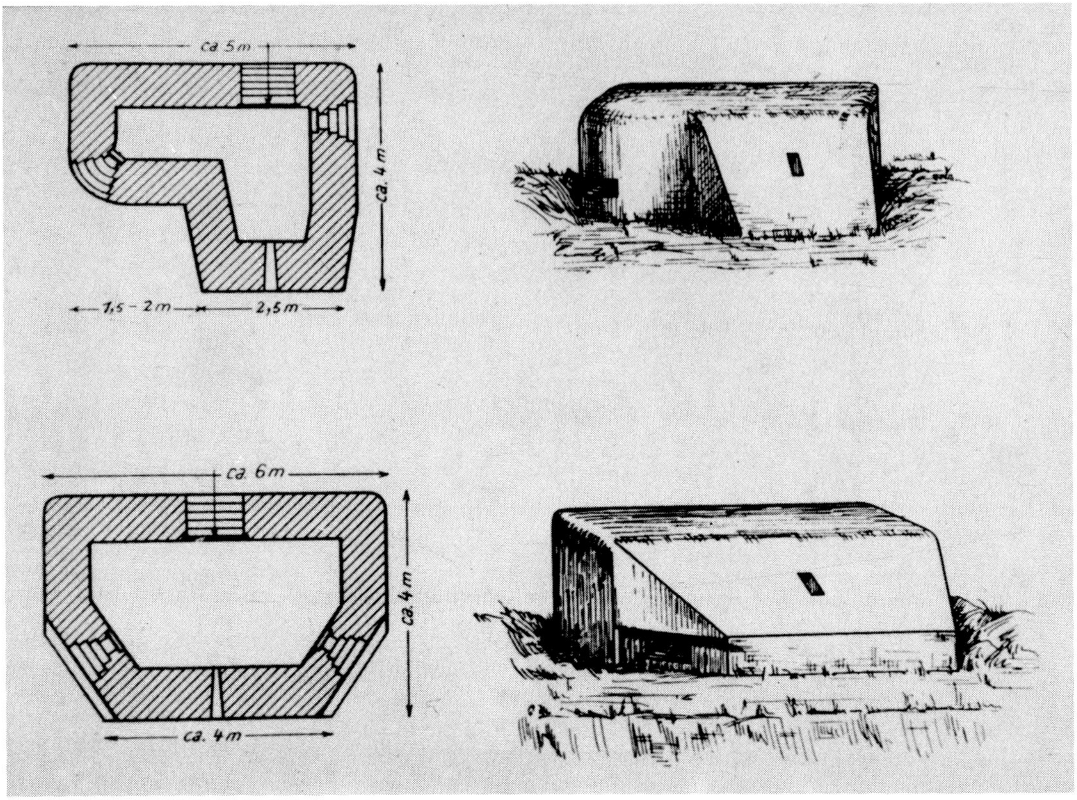

Skizzen von Maschinengewehr-Schartenständen leichten Ausbaus.

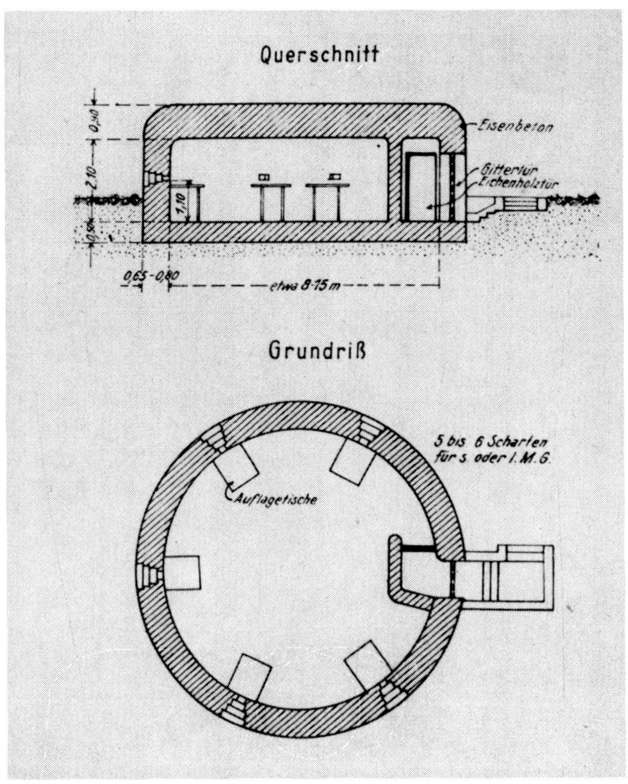

Zeichnung eines runden betonierten Maschinengewehr-Schartenstandes.

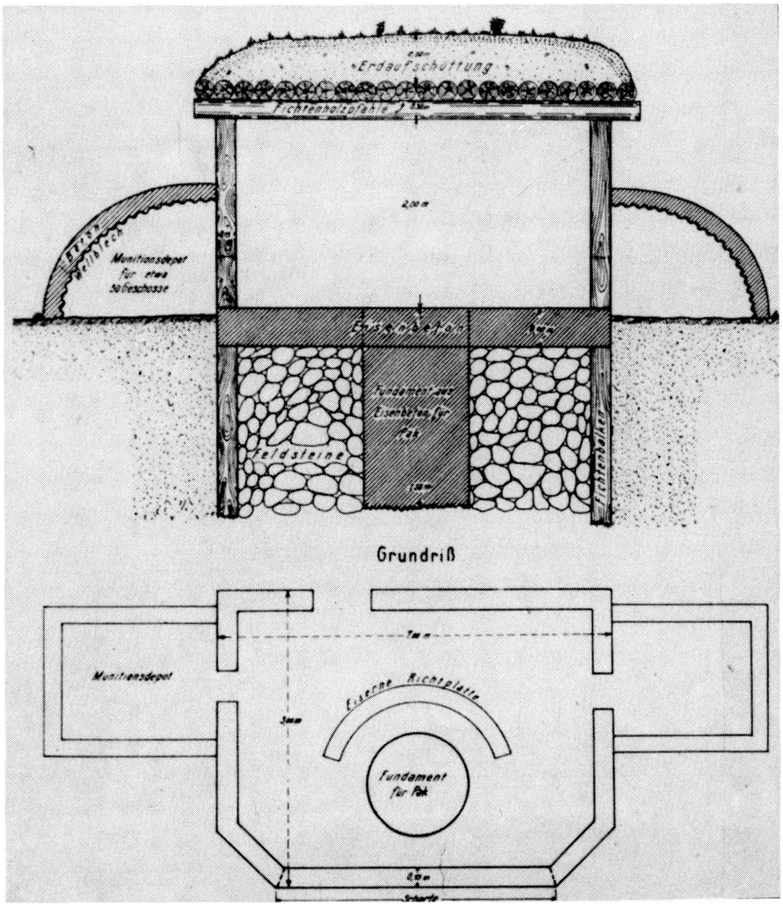

Zeichnung eines „Tauty". Tauty ist die russische Bezeichnung für einen behelfsmäßigen Pakstand. Darstellung im Querschnitt und Grundriß.

Maschinengewehr-Schartenstand mittleren Ausbaus, als Bretterschuppen getarnt.

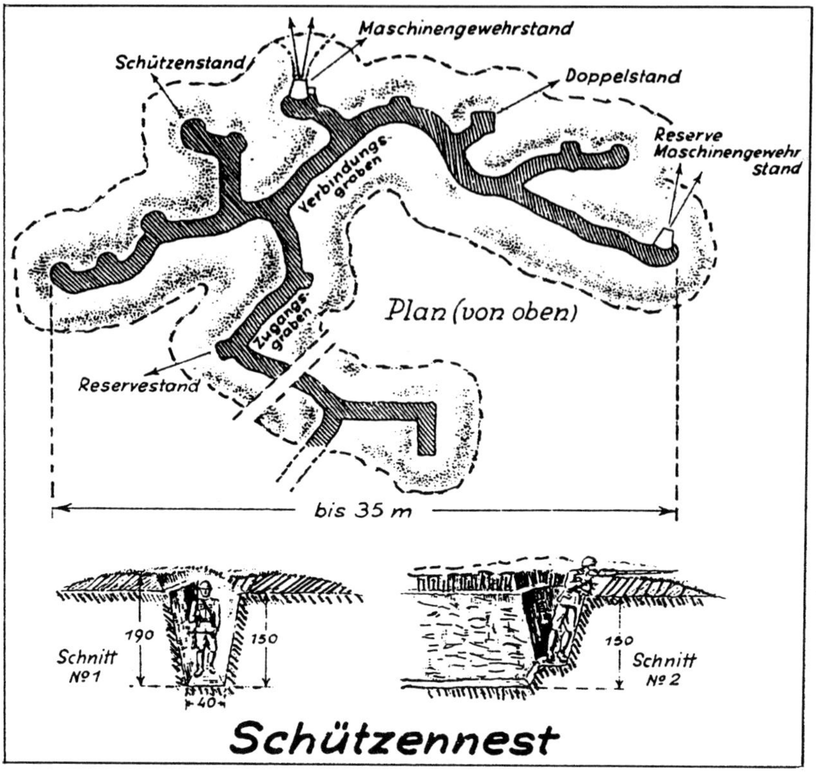

In den nachfolgenden Zeichnungen sind verschiedene russische Infanterie-Stellungen dargestellt.

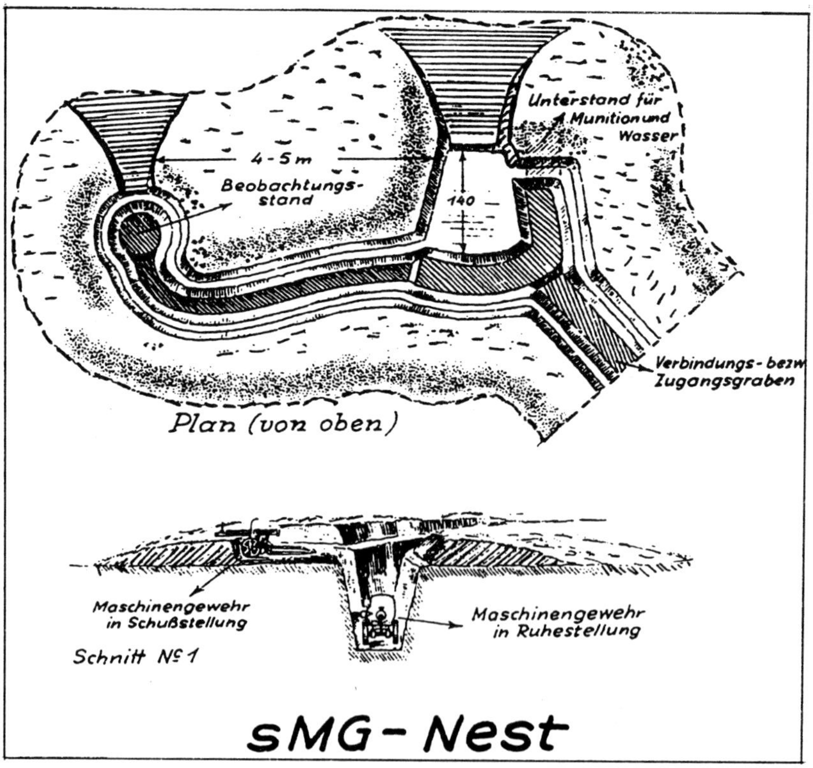

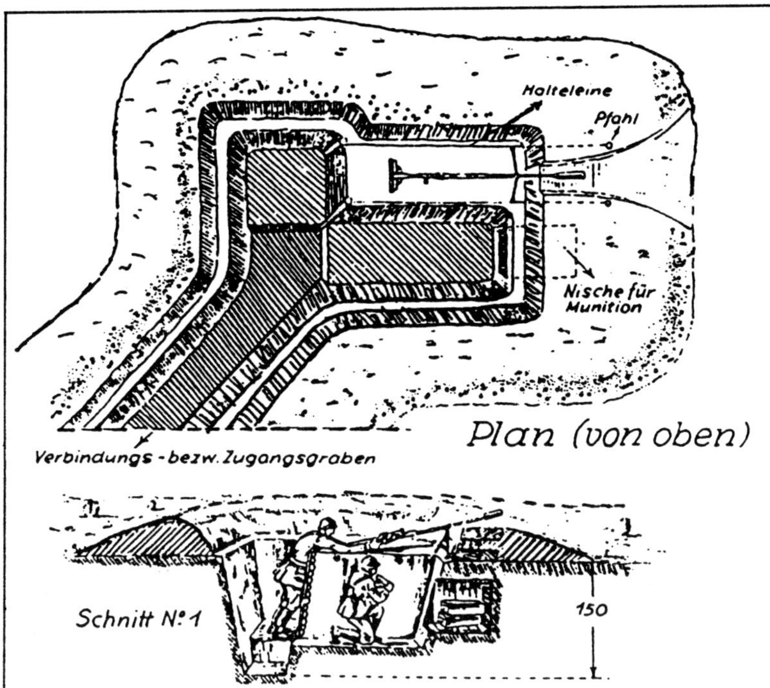

Gewehr-Granatwerfer-Stellung

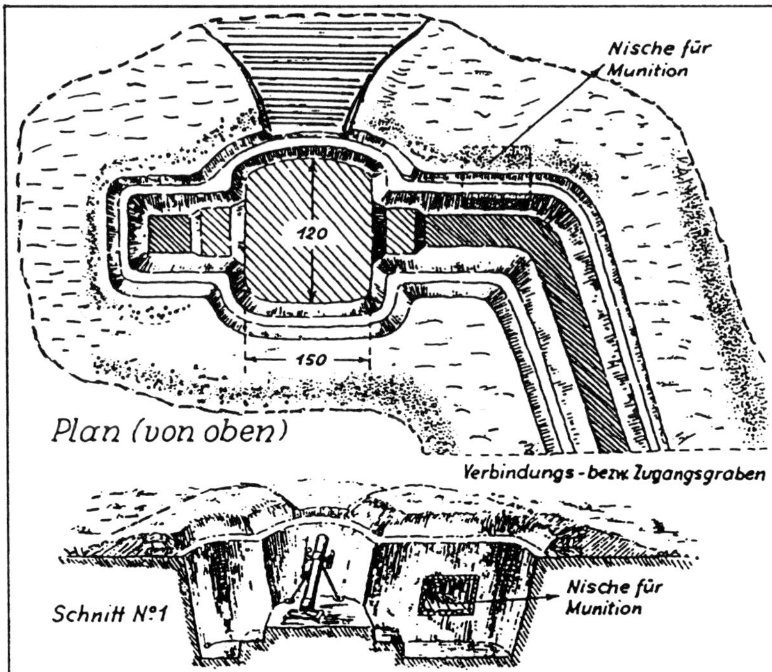

Granatwerfer-Stellung.

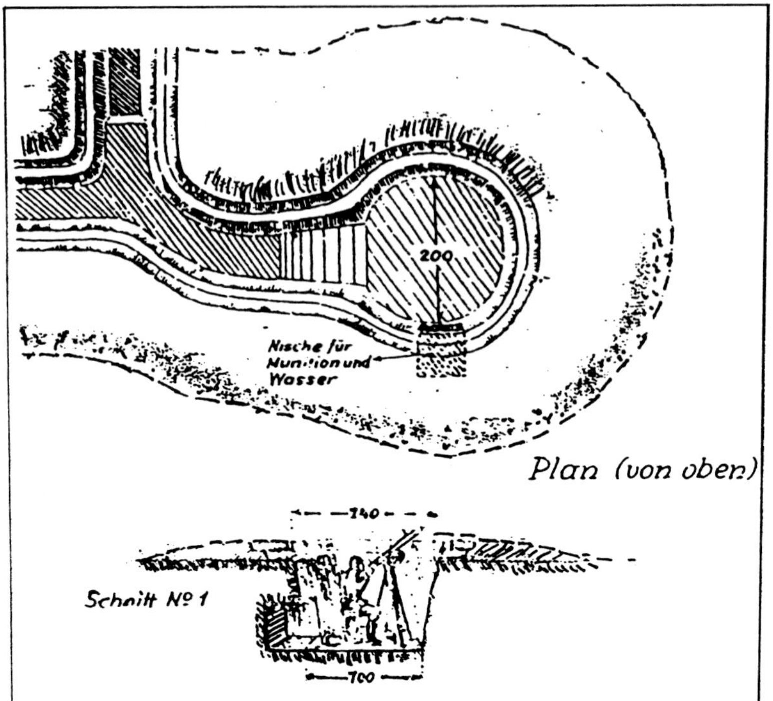

Fla MG-Stellung

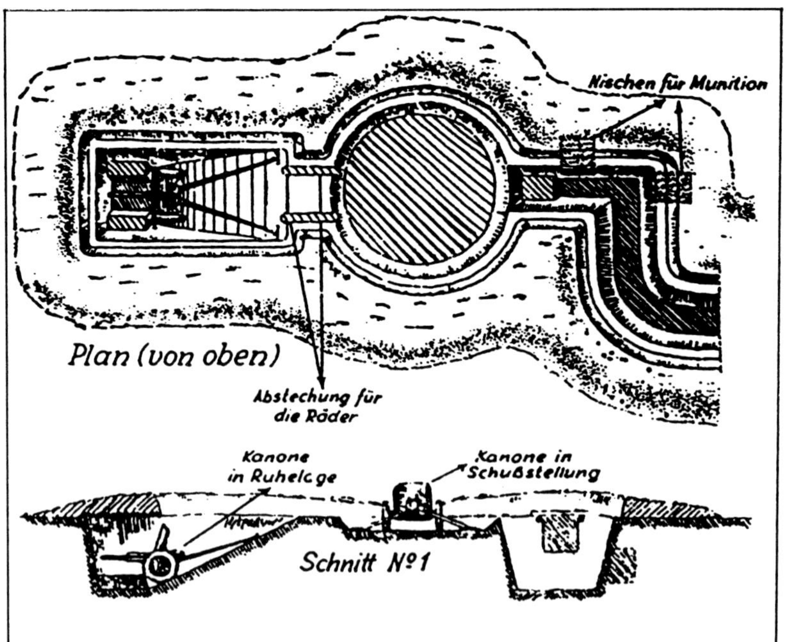

Pak-Stellung

MITTLERER BETONIERTER MASCHINENGEWEHR-SCHARTENSTAND, EIN- ODER ZWEISTÖCKIGE AUSFÜHRUNG

Der Turm des betonierten Maschinengewehr-Schartenstandes mittleren Ausbaus mit zwei Scharten hatte folgende Merkmale: Die Form war halbkreisförmig, der Durchmesser betrug 4 m. Die Betonstärken lagen bei etwa 15 cm, dazu kamen je nach Größe und Bedeutung des Schartenstandes noch Lagen von Doppel-T-Trägern. Das Innere des Schartenstandes bestand aus einem Raum.

Vorhanden waren zwei Scharten mit den Ausmaßen: 32 x 32 cm (innen) und 70 x 70 cm (außen). Der Eingang war nach außen durch eine Eisengittertür versperrt; dahinter befand sich eine Holztür aus 15 cm dicken Eichenbalken, die mit Blechbeschlägen und ringsum mit einer Gummiabdichtung gegen Kampfstoffe versehen waren. Beiderseits des Eingangs befanden sich zwei Scharten für Gewehre bzw. ein MG.; sie waren für die Eingangsverteidigung bestimmt.

Durch die deutsche Aufklärung wurden Teile der Befestigungen an der alten sowjetischen Staatsgrenze, die später als »Stalinlinie« bezeichnet wurde, vor und nach den Kampfhandlungen beschrieben. Erkennbar war im Abschnitt südlich von Bar und südostwärts von Derazina ein tiefgestaffelter Ausbau mit schweren Schartenständen, die ergänzt sind durch leichte Kampfanlagen. Aus der Luft gut erkennbar waren die erst kurz vorher ausgeführten Planierarbeiten, durch die Schußfeld geschaffen worden war. Weiterhin gesehen werden konnten die rückwärts oder seitlich herausführenden Zugangsgräben.

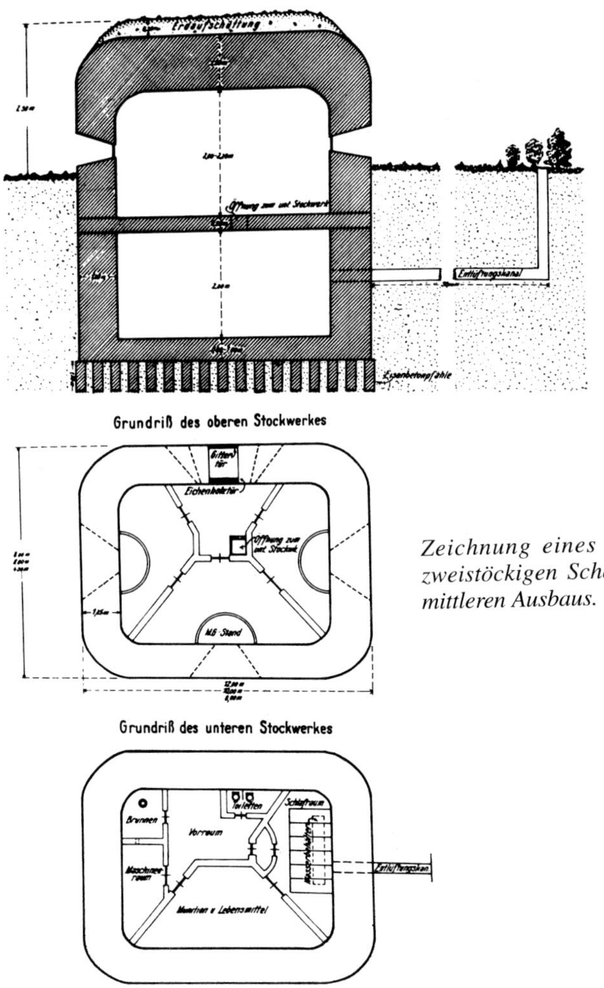

Zeichnung eines betonierten zweistöckigen Schartenstandes mittleren Ausbaus.

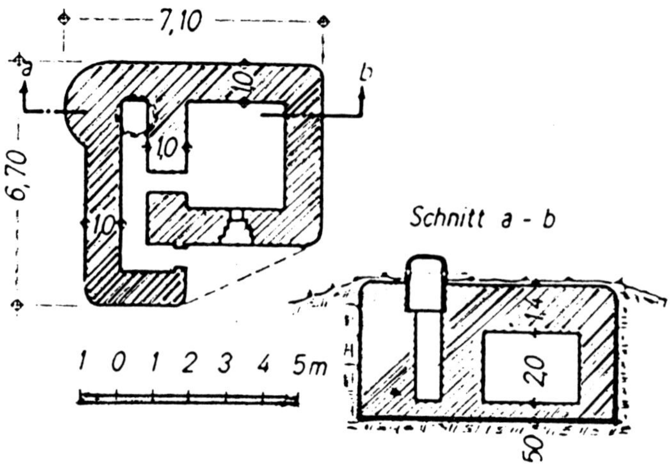

Gefechts- und Beobachtungsstand in rückwärtiger Stellung mit MG-Scharte für Eingangsverteidigung. In der Decke befindet sich eine Panzerbeobachtungsglocke mit vier Sehschlitzen und Rundblickfernrohr.

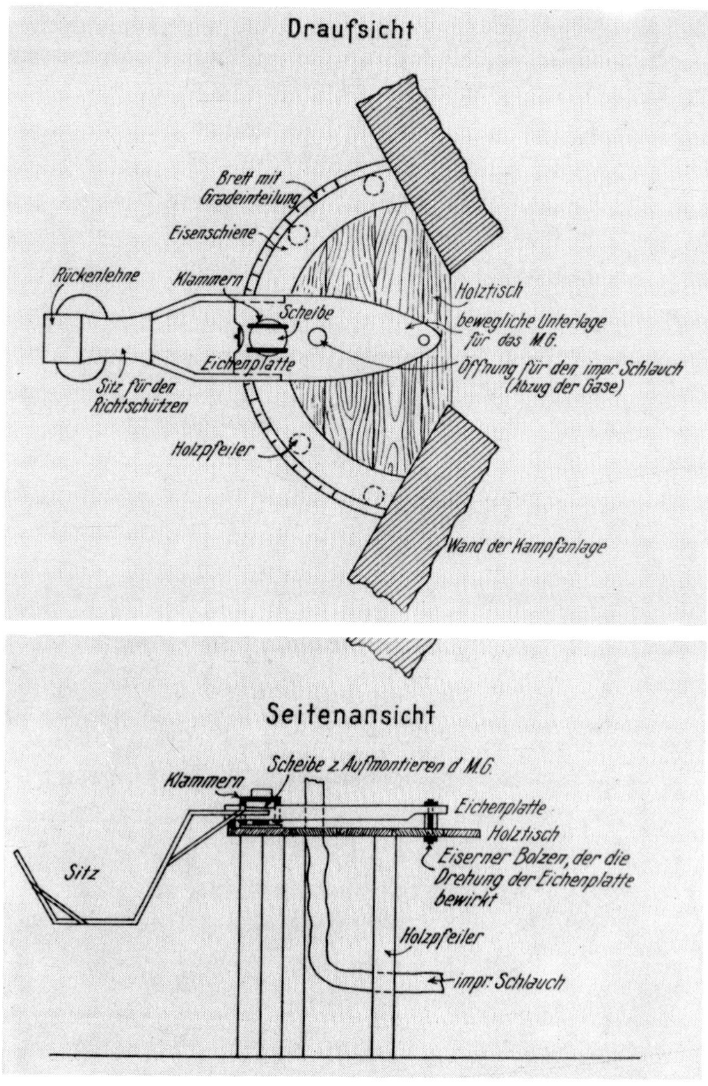

Zeichnung eines Gestells zur Aufmontierung eines Maschinengewehrs im Inneren eines Bunkers einer Scharte.

SCHWERE BETONIERTE FESTUNGSBAUWERKE

Die betonierten Anlagen schweren Ausbaus hatten folgende Merkmale: Die Betonstärken der Decken lagen zwischen 1 und 1,5 m. Vereinzelt erhielten die Decken eine Verstärkung durch mehrere Lagen von Eisenträgern. Vorder- und Seitenwände hatten eine Stärke von etwa 70 bis 200 cm und die Rückenwände 50 bis 70 cm. Die Stärke des verwendeten Moniereisens betrug etwa 2 cm. Die Höhe der Innenräume bei Artillerieanlagen lag bei etwa 2,20 m, zum Teil noch darüber. In den Maschinengewehranlagen ergaben sich Höhen von etwa 1,80 bis 2,20 m.
Für die Waffen und zur Beobachtung gab es Scharten unterschiedlicher Größe für Artillerie, schwere und leichte Maschinengewehre. Die Scharten konnten mittels verschiebbarer Stahlplatten verschlossen werden. Zusätzlich waren die Scharten außen meist durch Holzfensterläden verschlossen, die mit Anstrich oder Rasenbelag getarnt wurden. An den Maschinengewehr-Scharten waren zwei Öffnungen zur Ableitung des Wasserdampfes der wassergekühlten Maschinengewehre und für den Auswurf der Hülsen. Innen befanden sich vor den Maschinengewehr-Scharten mit dem Sitz des Schützen gekoppelte Gestelle, auf denen die Maschinengewehre aufmontiert wurden. Die Türen wurden als Stahl- oder Eisengittertüren ausgeführt. Die Höhe betrug 1,6 bis 1,8 m und die Breite 7,1 bis 8 cm. Bei Gittertüren betrug der Durchmesser der Eisenstäbe 2 cm, ihr Abstand voneinander 12 cm. Für die Eingangsverteidigung waren zu beiden Seiten der Außentüren Schießscharten für ein Maschinengewehr bzw. Gewehr im Inneren gegenüber der Eingangstür eingebaut, durch die der Eingang und der kleine Korridor bestrichen werden konnten. Die Innentüren bestanden aus Holz mit einer Gasabdichtung.
Die Wasserversorgung erfolgte durch Brunnen bzw. Pumpen, die nur zum Teil elektrisch betrieben werden konnten und sich meist im Inneren der Anlage befanden.
Fernsprech- und teilweise auch Funkverbindungen gab es von den Kommando- und Beobachtungsscharten zu den Artillerie- und einzelnen MG-Kampfanlagen.
Als Heizung dienten kleine Koksöfen mit Abzugsrohren in den Betonwänden. In den Anlagen, die am Elektrizitätsnetz angeschlossen waren, wurden elektrische Heizöfen eingesetzt. Die Kabel hierfür ruhten in Holz- bzw. Betonröhren von etwa 20 cm Durchmesser und wurden in ca. 2 m tiefen Gräben verlegt. Nur in diesen Anlagen gab es elektrische Beleuchtung und Fernsprecher. Die Wandverkleidung der Innenräume bestand aus Holz bzw. aus 5 cm starkem Eisenblech. Die Entlüftung erfolgte durch eingebaute Ventilatoren mit Hand- oder

Artillerie-Werk mit drei Flankierungsscharten.

elektrischem Antrieb. Gasschutz wurde durch Überdruck gewährleistet.
Zur Beobachtung verwendete man vielfach Periskope, die durch Öffnungen in den Betondecken nach außen geführt wurden. In den Beobachtungs-Schartenständen befanden sich in der Regel zwei Periskope.
Viele Kampfanlagen erhielten einen erdfarbenen Tarnanstrich, zum Teil mit Flecken versehen. Die Erdaufschüttungen wurden je nach Gelände mit einem Rasenbelag oder Pflanzungen anderer Art getarnt. Teilweise waren auch Tarnschirme anzutreffen. Dazu kamen Tarnmasken, die Häuser, Scheunen, Viehställe, Schuppen, Strohschober oder Holzstapel darstellten. In der Roten Armee legte man großen Wert auf sorgfältige und geschickte Tarnung. Im Gegensatz zur oft mustergültigen Ausführung der Tarnung selbst fällt auf, zumindest beim Vergleich vorliegender Fotografien, daß die Kampfanlagen oft schematisch im Gelände verteilt waren, ohne die Geländeverhältnisse genügend zu berücksichtigen.
Zur Besatzung der befestigten Räume und Anlagen gehörten Infanteristen, Artilleristen, Pioniere und Angehörige der Nebel- sowie der Nachrichtentruppen.

Gut getarnte Kampfanlagen in der Stalin-Linie.

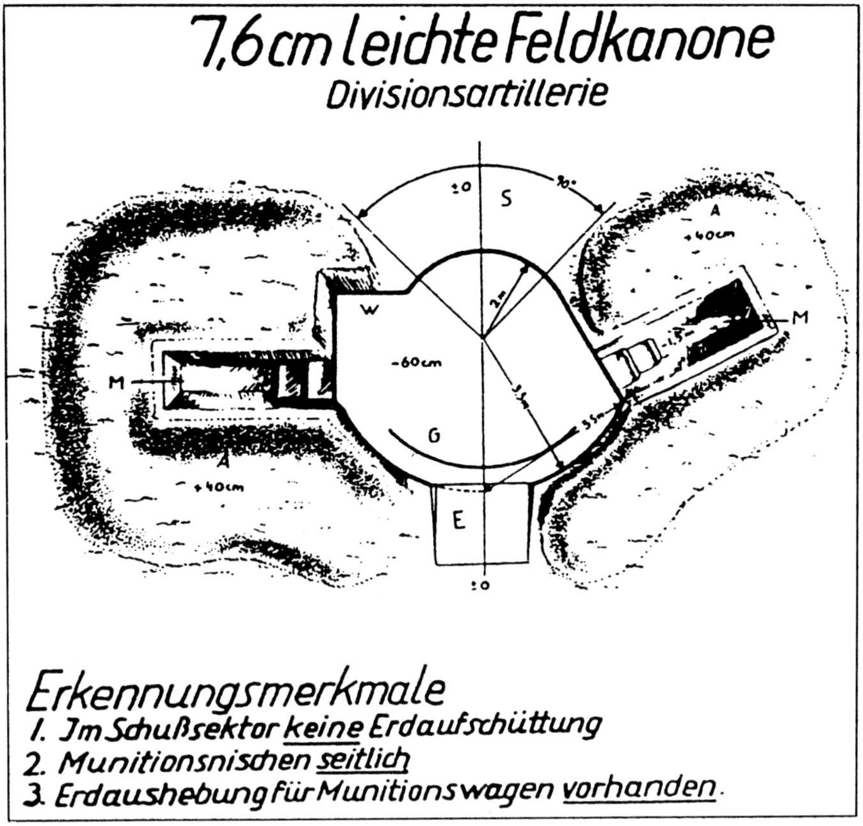

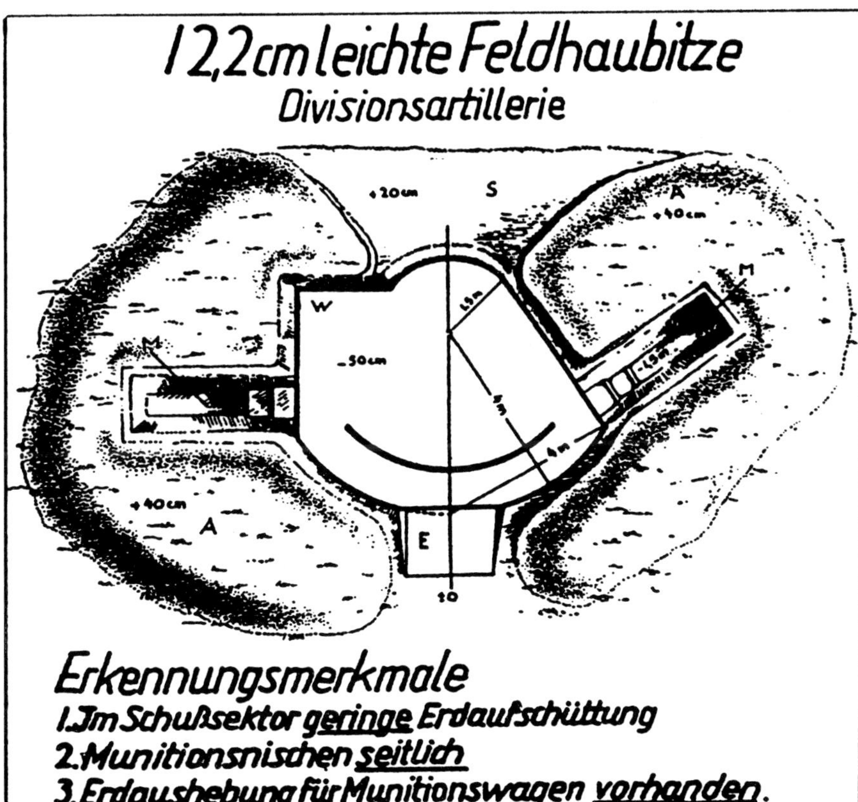

Sowjetische Artilleriestellungen.

Gliederung einer sowjetischen Schützendivision

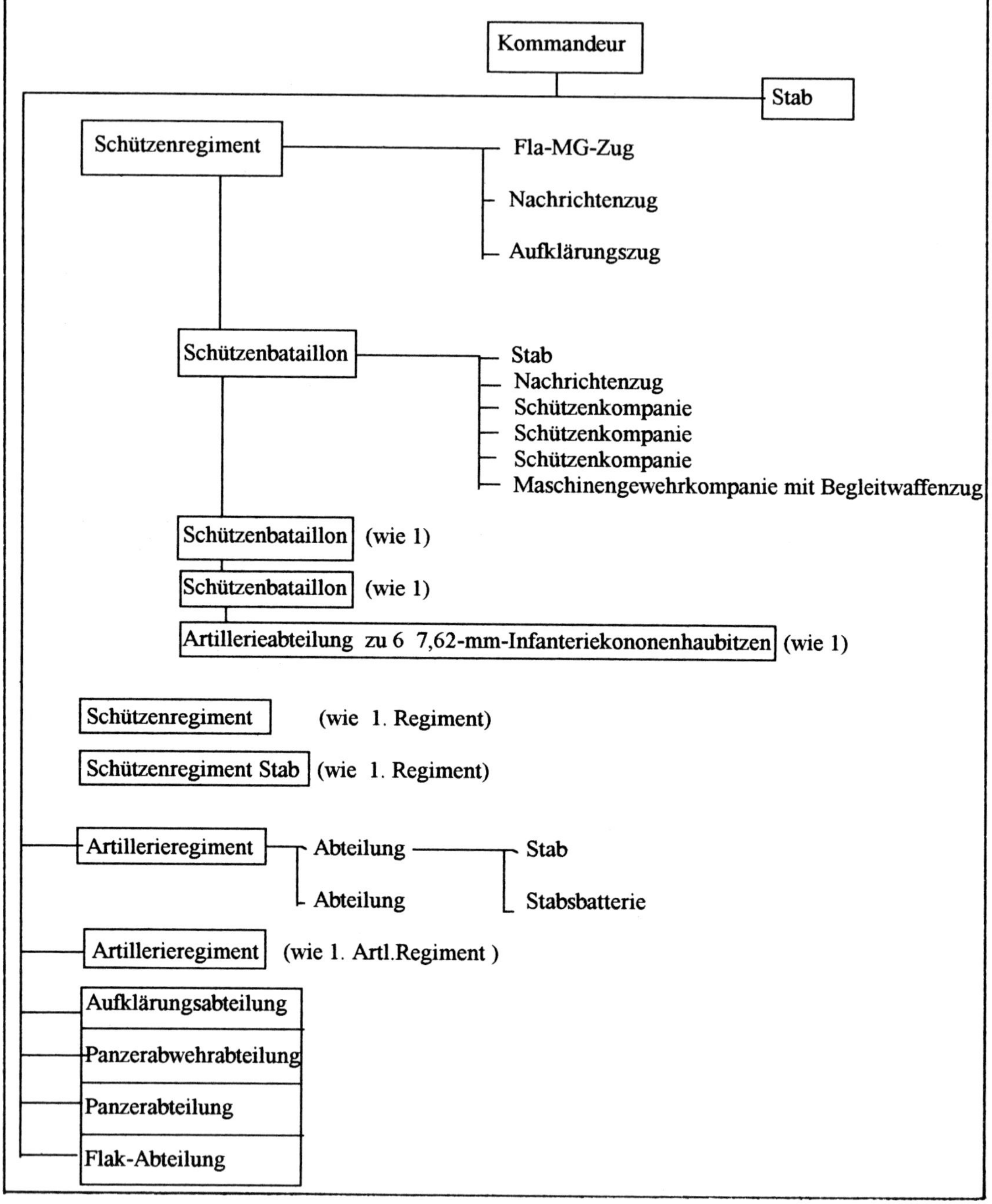

Betonierte Kampfanlagen schweren Ausbaus mit Maschinengewehrbewaffnung, ein- oder zweistöckige Ausführung

Form	Größe	Bestückung
halbkreisförmig	12 m	3 schwere Maschinengewehre, Kaliber 7,62 mm und einige leichte Maschinengewehre, Kaliber 7,62 mm
rechteckig	10x6 m	4 schwere Maschinengewehre, Kaliber 7,62 mm und ein leichtes Maschinengewehr, Kaliber 7,62 mm
viereckig	10x10 m	4 schwere Maschinengewehre, Kaliber 7,62 mm und einige leichte Maschinengewehre, Kaliber 7,62 mm

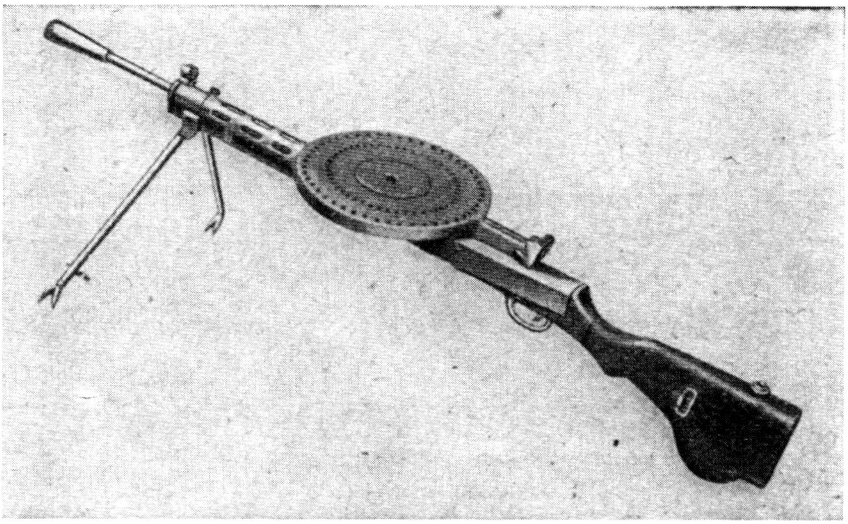

Leichtes Maschinengewehr "Degtjarew" 28, Kaliber 7,62 mm, Gewicht 9,2 kg Trommel zu 47 Patronen, Feuergeschwindigkeit: 500 Schuß/min, günstige Schußweite bis auf 1000 m Entfernung. Gasdrucklader mit luftgekühltem Lauf und Trommelzugführung.

Schweres Maschinengewehr "Maxim" 1910. Kaliber 7,62 mm, Gewicht 18 kg, Gurte zu 250 Patronen, Feuergeschwindigkeit: 500 Schuß/min, günstige Schußweite bis 1000 m, Kennzeichen: Sowjetstern, Jahreszahl und Waffennummer; Bauart: Rückstoßlader mit wassergekühltem Lauf und Kniegelenkverschluß.

76,2-mm-Divisionskanone 1936 (F-22), Schußweite 13600 m, Geschoßgewicht 6,2 kg, Anfangsgeschwindigkeit 706 m/sec. Wurde auch als Flak eingesetzt.

Betonierte Kampfanlagen schweren Ausbaus mit Geschützbewaffnung

Form	Größe	Bestückung
viereckig	20x20 m	für 1-2 Geschütze, Kaliber 76 und 152 mm
viereckig	15x15 m	für 1-2 Geschütze, Kaliber 76 und 152 mm
viereckig	12x12 m	für 1-2 Geschütze, Kaliber 76 und 152 mm
rechteckig	12x8 m	für 1-2 Geschütze, Kaliber 76 und 152 mm

152,4-mm-Küstenkanone, Schußweite 27000 m, Geschoßgewicht 43,5 kg, Anfangsgeschwindigkeit 920 m/sec.

Betonierte Kampfanlagen schweren Ausbaus mit kombinierter Geschütz- und Maschinengewehrbewaffnung

Form	Größe	Bestückung
rechteckig	40x30 m	2 Geschütze, Kaliber 76 und 152 mm und mehrere Maschinengewehre
rund	30 m Durchm.	2 Geschütze, Kaliber 76 und 152 mm und mehrere Maschinengewehre

Üblich war es, die Bunkeranlagen durch Feldstellungen zu ergänzen. Dazu gehörten Schützengräben mit Schützen- und Maschinengewehrnestern, Granatwerferstellungen und Bereitschaftsräume sowie offene und verdeckte Panzerwagenstände.

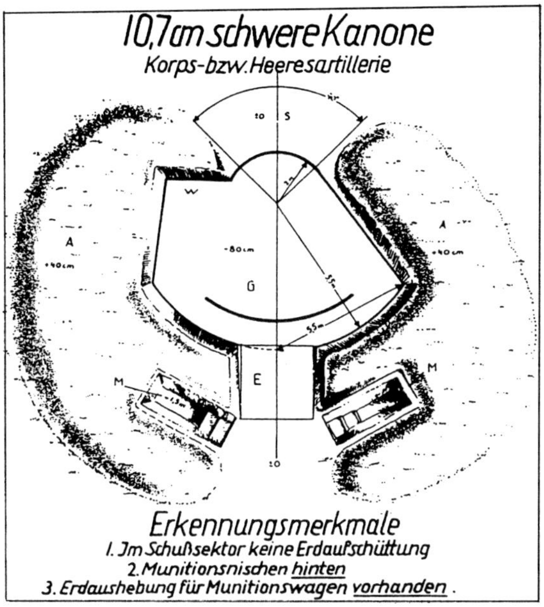

Sowjetische Artilleriestellung

76,2 mm-Flak 1915, ehemaliges Kraftwagengeschütz auf Drehsockel in der Stalin-Linie behelfsmäßig eingebaut, Feuergeschwindigkeit 30 Schuß/min, Rohrlänge 2286 mm (L/30).

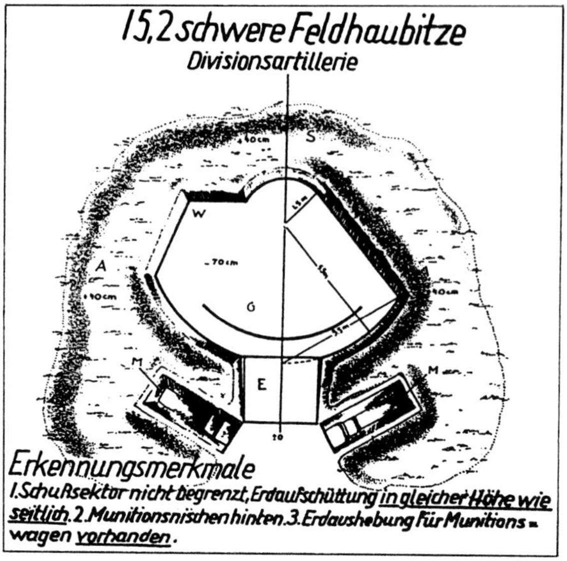

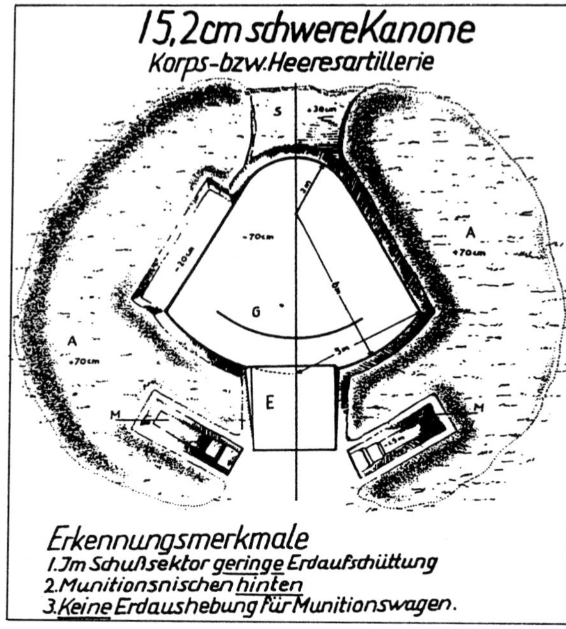

Die 152,4 mm Divisionshaubitze 1938 war in den schweren Abteilungen der Artillerieregimenter der Division vorhanden.

INFANTERIEHINDERNISSE

Die Flächendrahthindernisse bestanden aus Holz- oder Eisenpfählen, die schachbrettförmig in die Erde gerammt und durch Stacheldraht miteinander verbunden waren. Die (zumeist drei) Pfahlreihen hatten voneinander einen Abstand von etwa 80 cm. Die Höhe der Pfähle über dem Erdboden betrug etwa 1,5 m. An einzelnen Stellen kamen Astverhaue, Stacheldrahtrollen und Stolperdrähte zur Verwendung. Die Hindernisse waren außerordentlich geschickt angelegt.

Bei den sogenannten Wolfsgruben handelte es sich um Hindernisse, die aus schachbrettförmig angeordneten trichterförmigen Löchern von 0,5 - 1,5 m Tiefe bestanden, in deren Mitte ein zugespitzter Pfahl angebracht war.

PANZERHINDERNISSE

Vielfältige Panzerhindernisse wurden je nach den örtlichen Gegebenheiten errichtet. Neben üblichen Formen wie Pfahlsperren aus Eisenbahnschienen, Betonsperren, Panzerriegel und Panzerabwehrmauern mit Panzerabwehrgräben sowie »Steilhängen« dienten als Hindernisse auch große Natursteinbrocken. Baumstümpfe in Waldstücken ließ man als Hindernisse einfach stehen. In sowjetischen Regimentschroniken werden mehrfach Hindernisse beschrieben, die durch das Anstauen von Gewässern und nachfolgender Geländeversumpfung entstanden.

Eisenigel aus zusammengeschweißten U-Eisen zum Absperren der Straßen und Wege.

Infanterie- und Panzerhindernis. Im Hintergrund eine Kampfanlage mit Panzerkuppel. Ziel von Panzersperren und -hindernissen ist es, Panzerangriffe in die Richtung zu kanalisieren, wo starke Abwehrwaffen- und -anlagen konzentriert sind. Des weiteren soll die Angriffsgeschwindigkeit der Panzer vermindert werden, so daß ihre wirkungsvolle Bekämpfung erleichtert wurde. Schließlich versucht man mit derartigen Sperren, den Panzern den Zugang zu bestimmten Zonen, Gebieten usw.gänzlich zu verwehren.

Ausgedehnte Panzersperren waren neben der Rollbahn Richtung Moskau errichtet worden.

Baumstumpfhindernisse

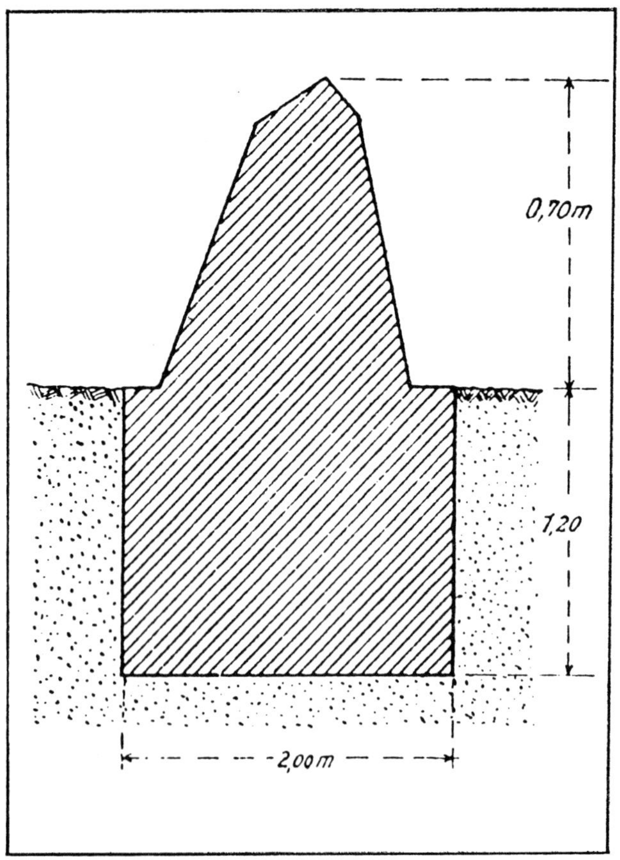

Zeichnung eines Eisenbeton-Höckerhindernis.

Von deutschen Truppen eingenommener sowjetischer Schützengraben.

Sowjetischer Schützengraben, Panzergraben mit Schräg- und mit Steilhang; der Steilhang ist mit Reisig und Pfählen abgestützt.

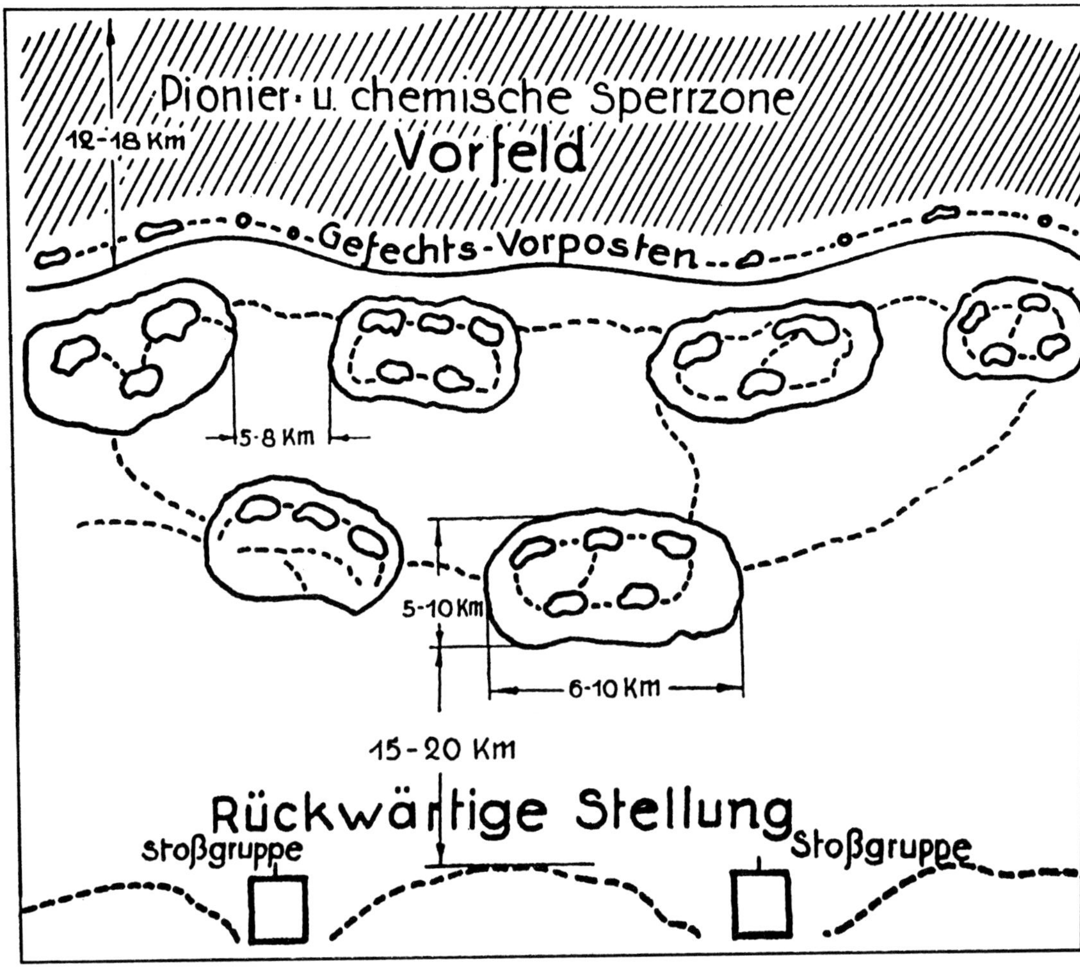

Schematische Skizze eines befestigten Gebietes neuer Art. Die Befestigungen setzen sich aus 6 Stützpunktgruppen (Verteidigungsbündel) zusammen. Jede Stützpunktgruppe besteht aus 3-5 einzelnen Stützpunkten. Zwischen den ständigen Anlagen befinden sich als Ergänzung zahlreiche Feldbefestigungen verschiedener Ausbauformen.

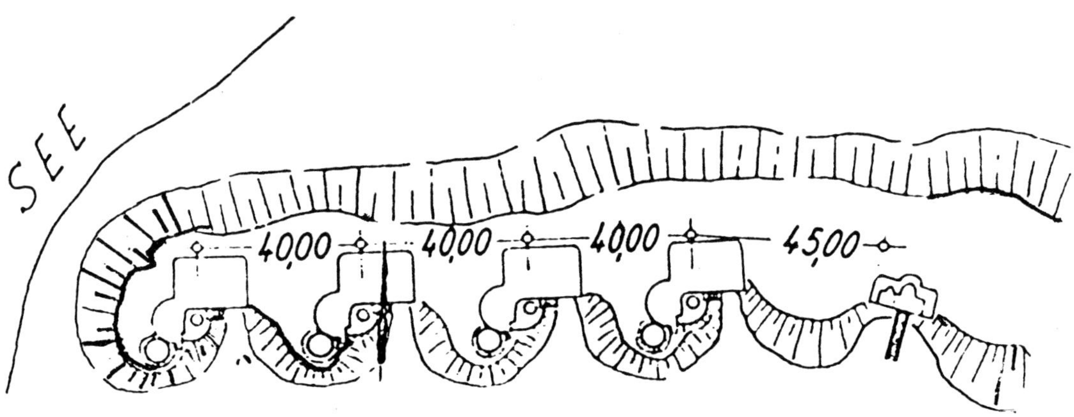

Übersichtsskizze einer umgebauten estnischen 12-cm-Batteriestellung zur 10-cm-Batteriestellung bei Reval.

Im offenem Gelände angelegte behelfsmäßig Panzersperre aus mehreren Grabenreihen und in die Erde gerammten Holzpfählen.

Verlauf eines Panzergrabens. Die frische Erdaufschüttung erleichtert das Erkennen seines Verlaufs.

Grabenstellungen mit gut getarnten Bunkern, Maschinengewehr-Ständen und Laufgräben.

Wasserhindernisse eigneten sich vorzüglich als Panzersperren.

Russische Feldstellung mit liegengebliebenem leichten Panzer T-38 M-2.

Betonpyramiden als Panzerhindernisse. Sie gab es in verschiedenen Ausführungen, auch mehrreihige aus Eisenbetonpfählen, Schienen, Eisenbarren und Holzpfählen, letztere oft verflochten mit Stacheldraht. Großflächige Kampfwagenhindernisse standen an der Straße von Reval nach Narwa.

DIE VERWENDUNG VON MINEN

In der Roten Armee wurden Minen verschiedener Formen und aus sehr unterschiedlichen Materialien verwendet. Die Minenkörper bestanden aus Metall, Holz, Kunststoff, Glas, Pappe oder Beton. Vielfach sprachen elektrische Minensuchgeräte deshalb nicht auf die Sprengkörper an. Die Minen wurden in Form von Minenfeldern oder Sperren verlegt, um feindliche Schützen, Panzer und andere Gefechtsfahrzeuge außer Gefecht zu setzen, den Feind unsicher zu machen, seinen Angriff zu lähmen, bzw. seinen Vormarsch zu verzögern. Minen wurden vor der Verteidigungsstellung offen oder eingegraben verlegt, dabei geschickt getarnt. Sie konnten durch Zug bzw. Druck oder elektrisch gezündet werden. Auskunft über die Vielfalt der Minen in der Roten Armee auf russischer Seite gaben erbeutete Beschreibungen. Nach dem 22. Juni 1941 hatte es die Wehrmacht vor allem mit folgenden Minen zu tun, die im Merkblatt über russische Spreng- und Zündmittel, Minen und Zünder vom 1. Januar 1942, Anhang 2 a H.DV.1a angeführt waren:

1. Hölzerne Kampfwagenminen TMD 40 (Sargmine).
2. Geschoßmine mit zweiseitig angeschlossenem Zünder.
3. Geschoßmine mit einseitig angeschlossenem Zünder.
   Geschoßmine mit Druckzünder.
4. Infanterie-Mine PMK 40 aus Pappe, die sogenannte »Pappkartonmine«.
5. Splittermine OSM 152.
6. Mine OSM 152, im Boden verlegt.

Weiterhin existierten noch eine Vielzahl sogenannter versteckte Kampfmittel. Dazu gezählt werden müssen:

1. Patronenkisten mit deutscher Infanterie-Munition. Die 7,9-mm-Patronen enthielten an Stelle der Pulverladung Sprengstoff und Sprengkapseln. Die Patronen sprengten das Gewehr bzw. Maschinengewehr.
2. Verbandspäckchen deutscher Aufmachung, die eine Mullbinde und eine Sprengkapsel enthielten.
3. Verbandskasten mit Rotem Kreuz, wurde als Mine niedergelegt.
4. Kugelförmige Bomben in doppelter Faustgröße mit deutscher Beschriftung.
5. Silbergraue Leichtmetallphiolen mit Aufschrift »Marschgetränk«, wie sie im Sommer an die Truppe ausgegeben wurden. Nach Öffnung des Deckels erfolgte die Explosion.
6. Rote Fahnen in Verbindung mit Minen. Die Minen explodierten beim Entfernen der Fahnen. Rote Fahnen durften daher erst entfernt werden, nachdem festgestellt wurde, daß sich an der Stelle keine Minen befanden.
7. Sprengkörper in Form und Größe deutscher Stabtaschenlampen mit der Aufschrift »Petro« und viele andere mehr.

Splittermine OSM - 152
(Schnitt)

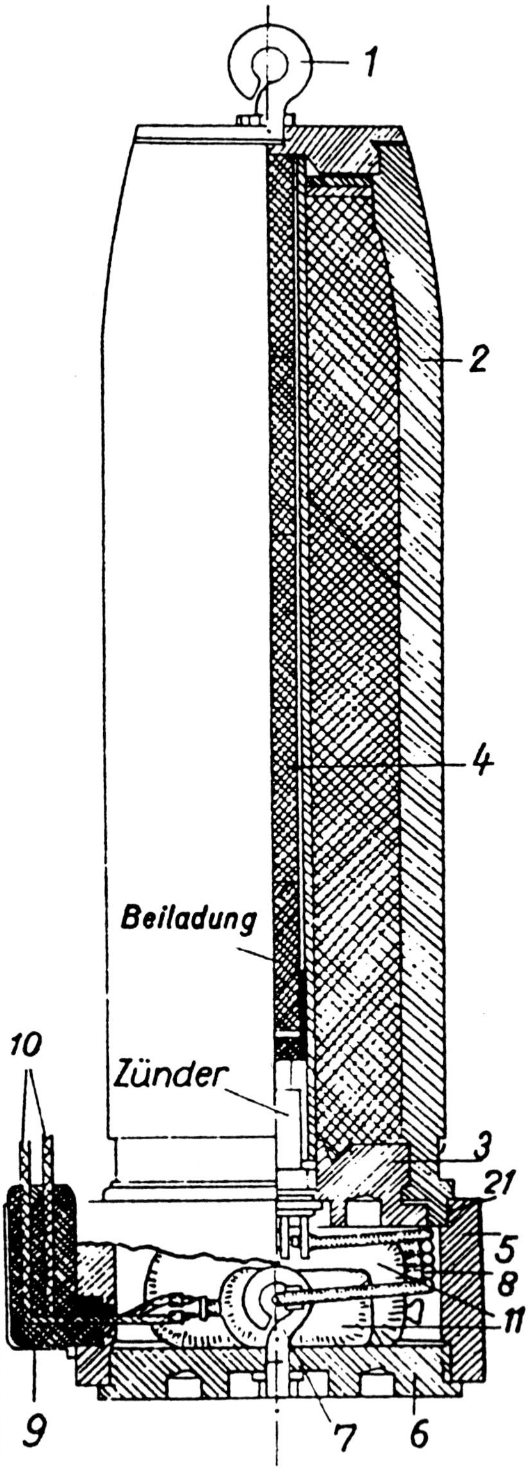

Zünder MB II

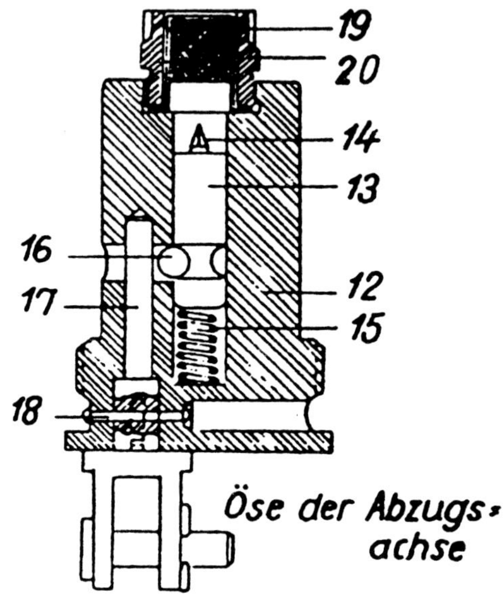

1 Verschluß mit Haken
2 Minenhülle
3 Boden der Minenhülle
4 Zündeinsatz
5 Kartusche
6 Kartuschenboden
7 Haken
8 Drahtseil
9 Winkelstück
10 Zündleitung
11 Treibladung mit Beultel
12 Zünderhülle
13 Schlagbolzen
14 Schlagbolzenspitze
15 Schlagbolzenfeder
16 Sicherheitskugel
17 Abzugsachse
18 Keil
19 Sprengkapsel
20 Sprengkapselfassung
21 Schweißnaht

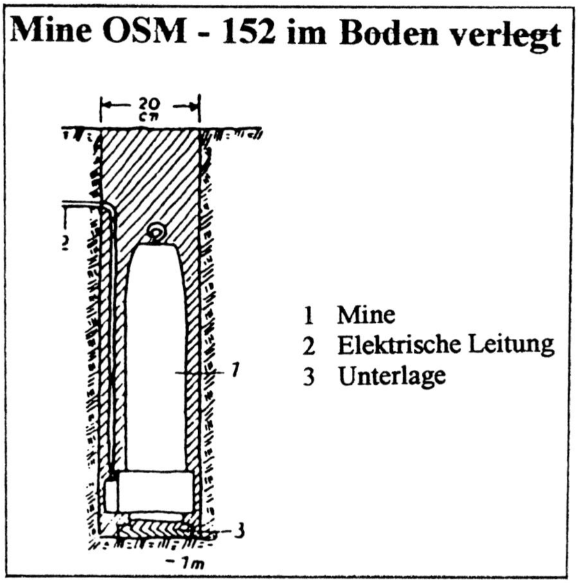

Zum Fernzünden von Minen dienten als Stromquellen Glühzünderapparate und Batterien. Es konnten auch mehrere Minen an einem Stromkreis angeschlossen werden. Auch die Kombination mit anderen Zündern war möglich.

Vorsichtig trägt ein deutscher Soldat eine russische Panzermine TM-39. Sie ist aus Stahlblech gefertigt und wog 5,1 kg. Die Sprengladung war 2,9 kg schwer.

Geschoßmine mit zweiseitig angeschlossenem Zünder

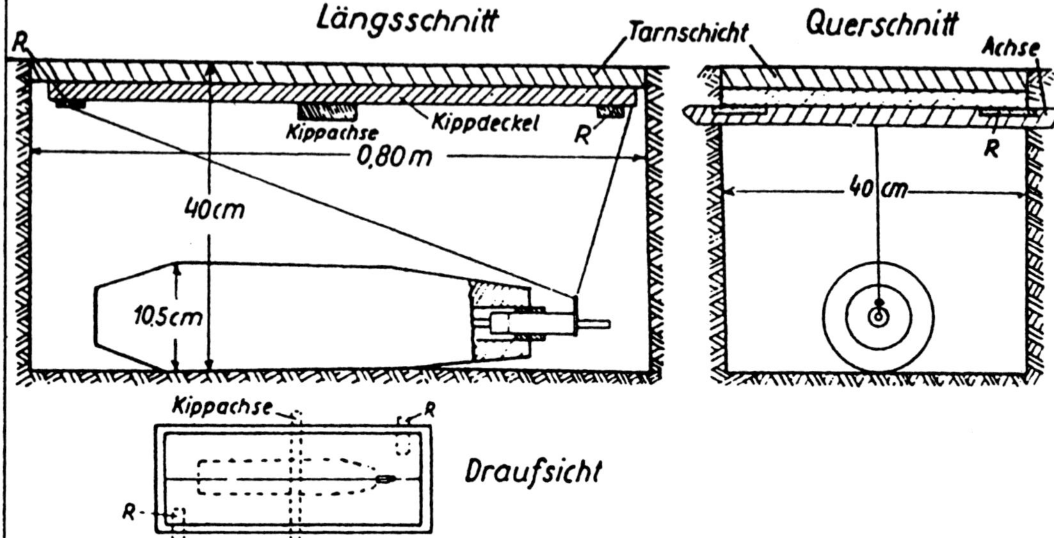

Die mit R bezeichneten Holzstücke dienen als Rasten des Kippdeckels und brechen bei Belastung aus der Erde

Geschoßmine mit einseitig angeschlossenem Zünder

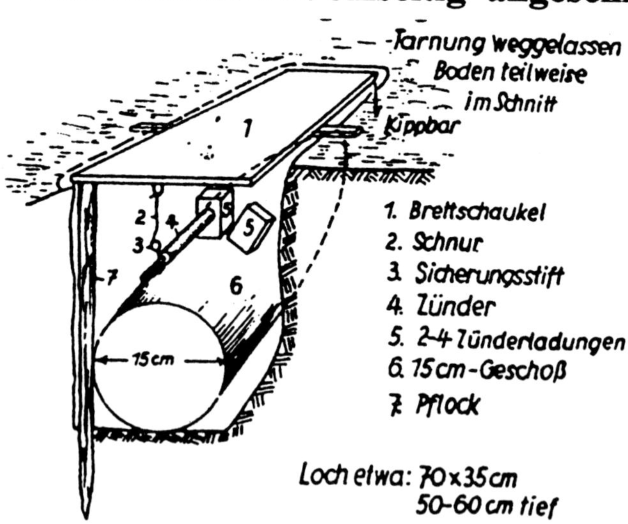

Hölzerne Kampfwagenmine TMD 40

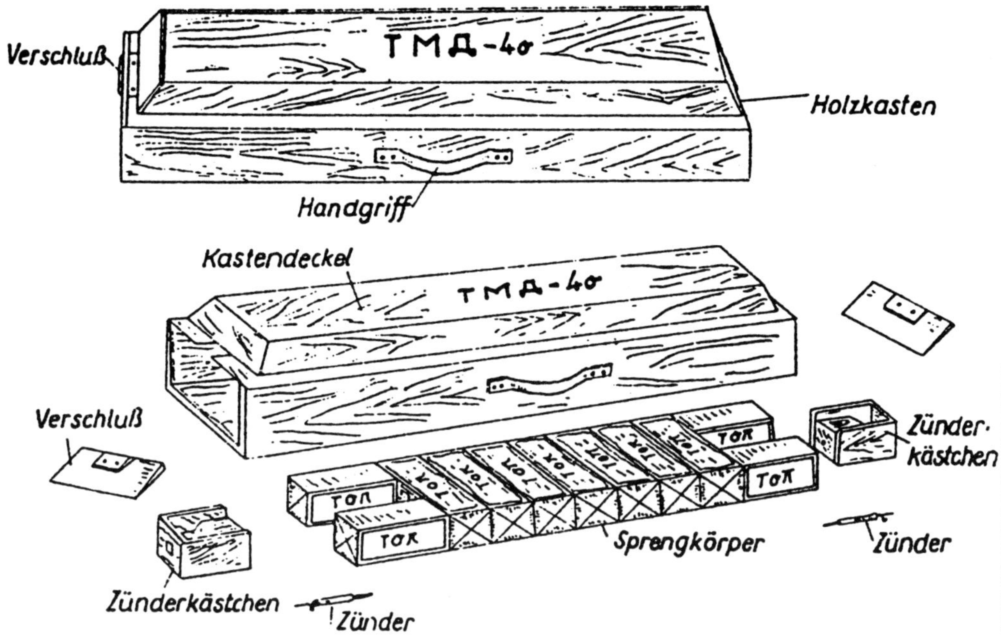

Die Mine besteht aus folgenden Teilen: dem Holzkasten, dem Kastendeckel der Ladung. den beiden vereinfachten Zündern mit Sprengkaspel und den beiden Zünderkästchen

Infanteriemine PMK 40 aus Pappkarton

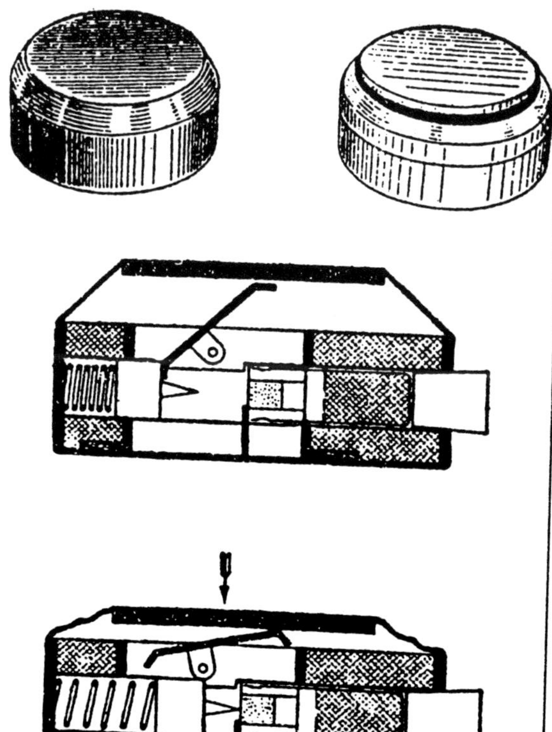

Schematische Zeichnung der russischen Stellungsverteidigung. Sie besteht aus Flammenwerfern, einem tiefen System von Graben, dem sogenannten "Spargelbeet", versumpften Gebieten, Drahthindernissen, Panzerfalle in Form eines tiefen Grabens, spanischen Reitern, die kreuzweise zusammengeschweißt sind, verschiedenen Bunkern und Feldbefestigungen. Dahinter die Geschütze der Divisionsartillerie.

DIE BEWAFFNUNG DER BEFESTIGUNGSANLAGEN

Das leichte Maschinengewehr Degtjarow DP 28 (DT 28 Kaliber 7,62 mm) hatte ein Gewicht von 9,2 kg und eine Feuergeschwindigkeit von 500 Schuß/Min., seine Trommel nahm 47 Patronen auf. Die Schußweite betrug 1000 m. Es handelte sich um einen Gasdrucklader mit luftgekühltem Lauf und Trommelzuführung. Das schwere Maschinengewehr Maxim 1910, ebenfalls mit Kaliber 7,62 mm, war 18 kg schwer. Die Munition wurde in Gurten zu 250 Patronen zugeführt. Die Feuergeschwindigkeit betrug 500 Schuß/Min. bei einer Schußweite von 3500 m. Es kam in ortsfester Lafettierung oder fahrbar auf Vierlings-Maschinengewehrlafette 31 (234 kg) für Luftzielbeschuß bis 1000 m zum Einsatz. Hierbei handelte es sich um einen Rückstoßlader mit wassergekühltem Lauf und Kniegelenkverschluß.

Zu der aus der Festung gehörigen Feldstellung konnten Granatwerfer verschiedener Kaliber zum Einsatz gebracht werden, dazu zählten 50, 82, 120 mm. Die russischen Granatwerfer besaßen eine große Wirksamkeit, besonders der 120-mm-Regimentsgranatwerfer Modell 38. Auch seine Schußweite von fast 6000 m erwies sich als sehr vorteilhaft.

Zur Panzerabwehr wurden in den Befestigungsanlagen 37-mm-, vor allem aber 45-mm-Panzerabwehrkanonen Modell 1932 bzw. 1937 verwendet. Sie waren häufig in den bereits beschriebenen »Tautyts« zu finden. Auf 1000 m Entfernung konnte 46 mm starker Panzerstahl durchschlagen werden. Die Rohrlänge betrug 2073 mm, die Granate war 1,45 kg schwer und erreichte eine Anfangsgeschwindigkeit von 760 m/s.

Die 76,2-mm-Festungskanone L/16,5 hatte eine Rohrlänge von 1250 mm und verschoß patronierte Munition. Zum Verschuß kamen Sprenggranaten (6,2 kg) und Panzergranaten (6,50 kg) mit einer Anfangsgeschwindigkeit von 387 bzw. 370 m/s. Die maximale Schußweite war abhängig von der Lafettierung, übertraf aber bei 25 Grad Erhöhung nicht 7125 m (Sprenggranate) bzw. 6763 m (Panzergranate). Die 15,2-cm-Festungshaubitze L/24 450 hatte eine Rohrlänge von 3697 mm und verschoß patronierte Munition. Zum Verschuß kamen Sprenggranaten (51,07 kg) und Betongranaten (40 kg) mit einer Anfangsgeschwindigkeit von 432 und 508 m/s. Die maximale Schußweite war abhängig von der Lafettierung. Sie betrug auch hier bei 35 Grad Erhöhung nicht 5000 m. Weiterhin gehörten zur Bewaffnung Flammenwerfer. Bemerkenswert ist der im Merkblatt vom 1. Januar 1942 erwähnte russische ortsfeste Flammenwerfer FOG, der als Hilfsmittel ausschließlich zur Verstärkung der Verteidigung diente. Der Flammenwerfer wurde vor der eigenen Stellung vergraben und bei Annäherung des Gegners ferngezündet. Das Gewicht lag bei 52-55 kg, die Reichweite je nach Ölart zwischen 50 und 140 m, bei einem 5-Düsen-Kopf mit Rundumwirkung zwischen 45 und 100 m. Man unterschied Flammenwer-

Leichtes Maschinengewehr "Degtjarew" 28 aus dem Bestand des Militärhistorischen Museums Dresden.

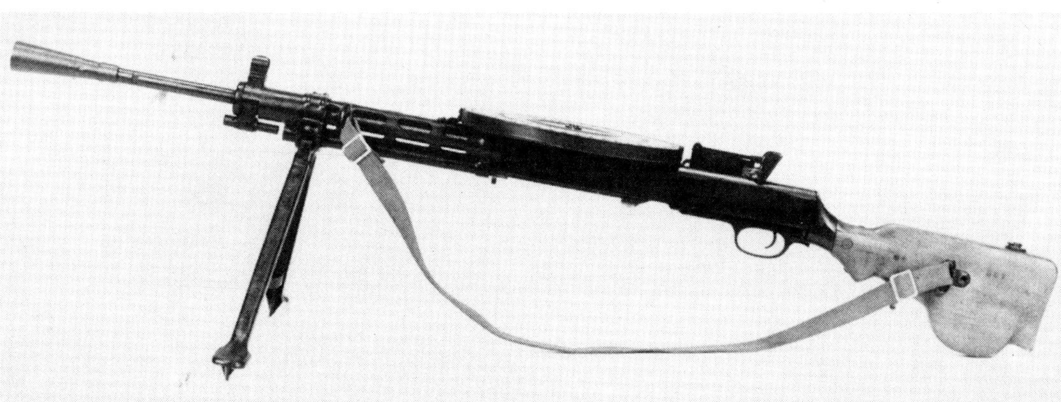

fer mit Strahlrohr, Flammenwerfer eingebaut, Flammenwerfer mit 5-Düsen-Kopf für Rundum-Wirkung und Flammenwerfer mit 1-Düsen-Kopf getarnt.

Schweres Maschinengewehr "Maxim" auf Räderlafette "Sokolow".

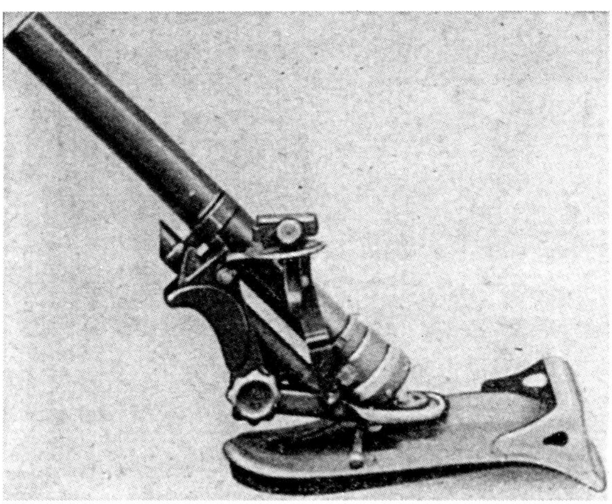

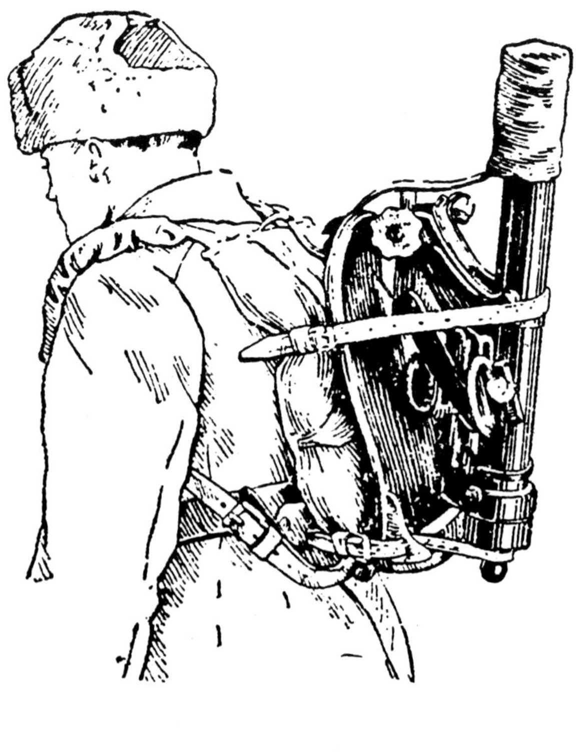

Russischer 50-mm-Kompaniegranatwerfer 38 und seine Trageweise.

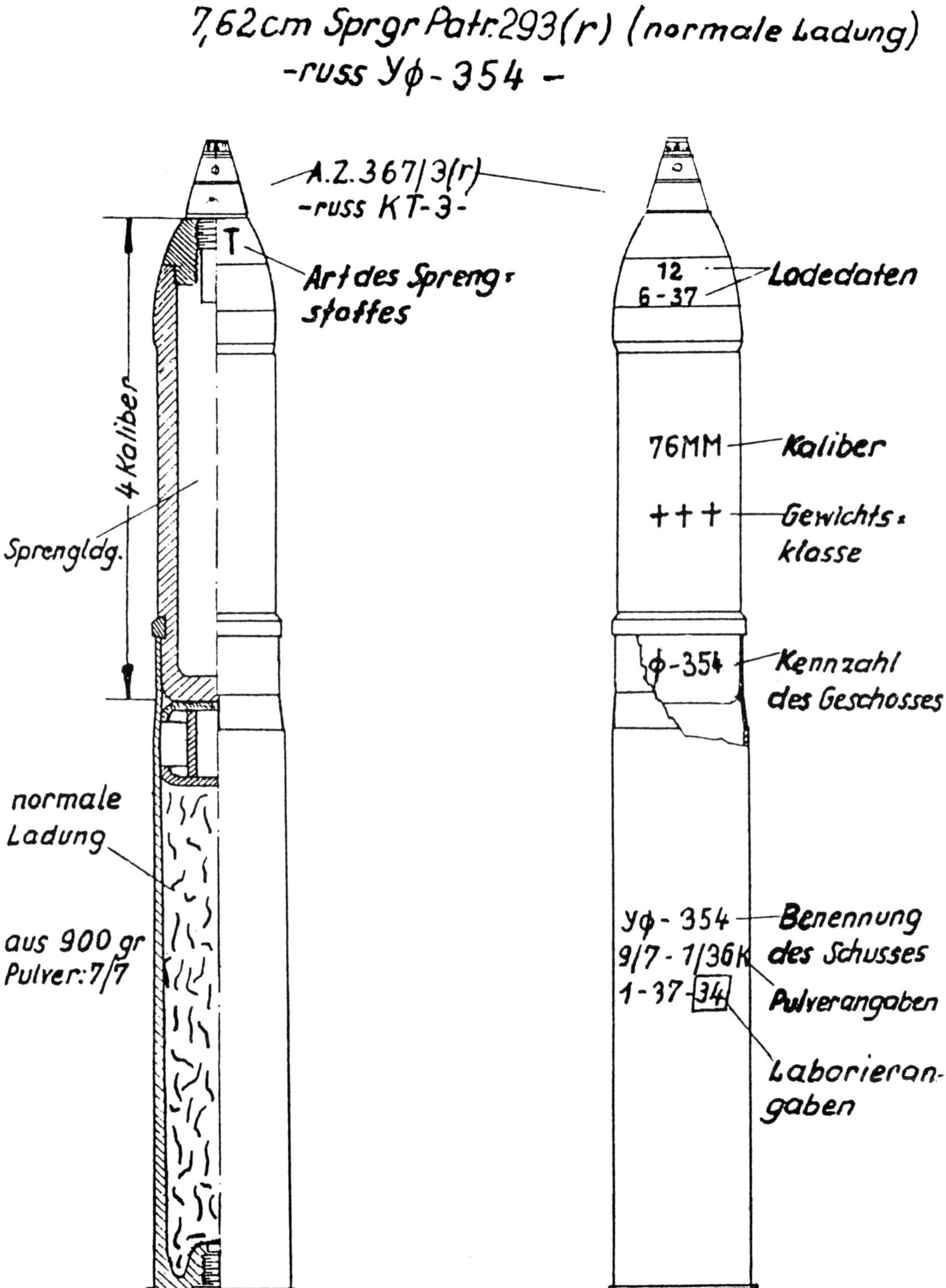

Zeichnung der Sprenggranat-Patrone UF 354 aus einer deutschen Vorschrift über Beutegut. Die Munition verwendete man für 76,2-mm-Divisionskanonen.

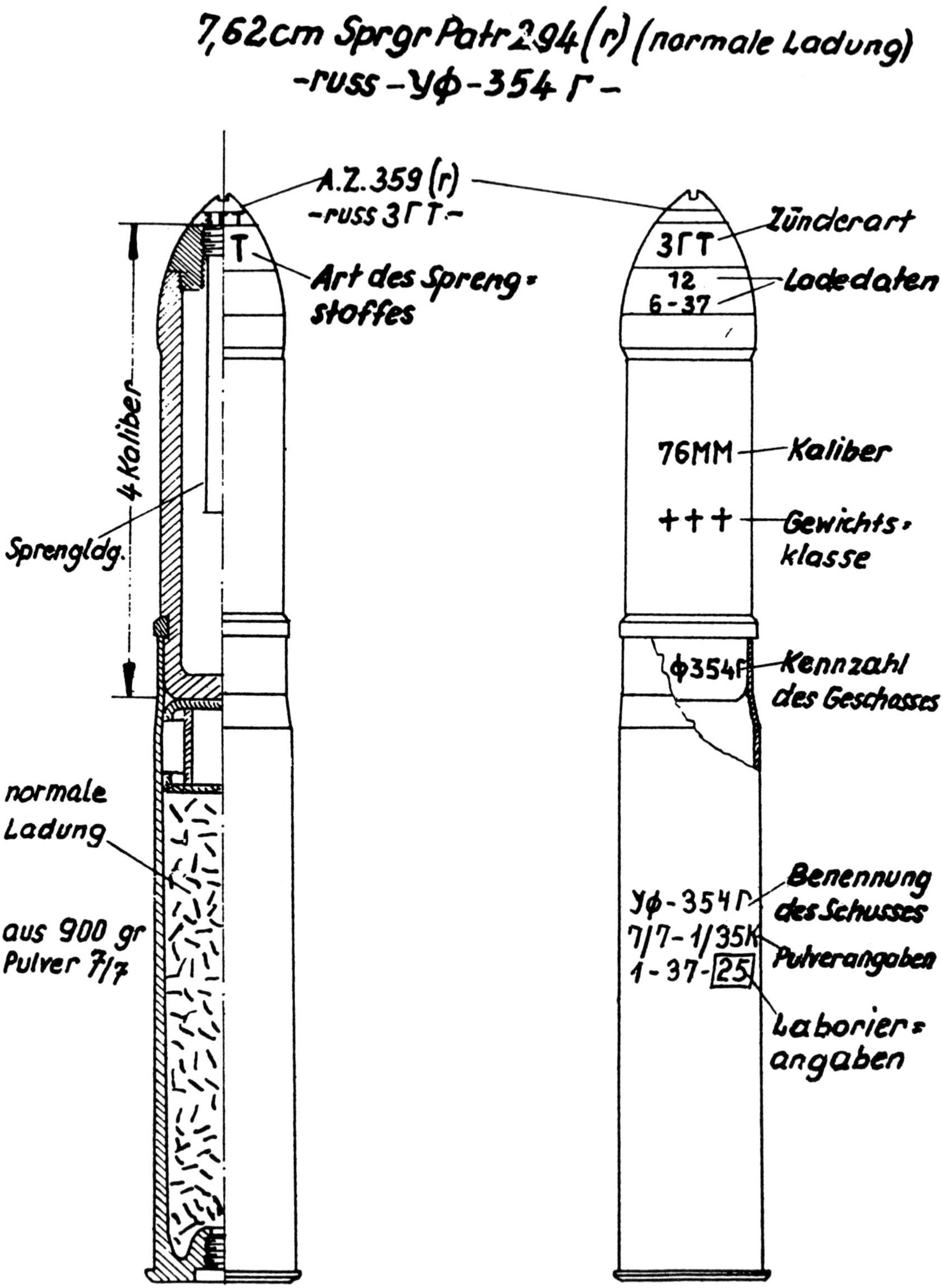

Zeichnung der Sprengranat-Patrone UF 354 G aus einer deutschen Vorschrift über Beutegut. Die Munition wurde gleichfalls für 76,2-mm-Divisionskanonen verwendet.

Flammenwerfer mit Strahlrohr.
(Für Ein-Strahl-Wirkung.)

Flammenwerfer eingebaut.
(Nicht getarnt.)

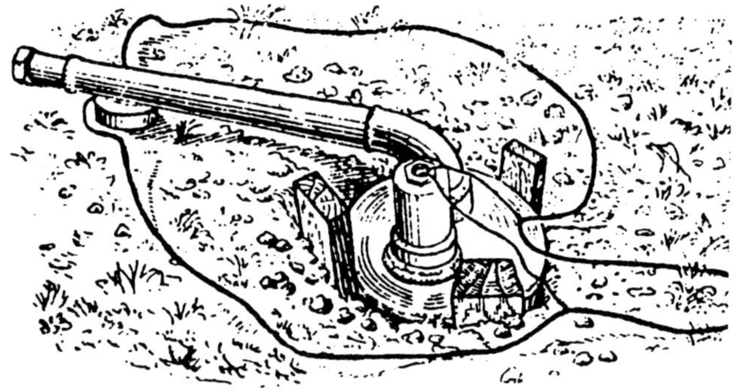

Flammenwerfer mit 5-Düsen-Kopf.
(Für Rundum-Wirkung.)

Flammenwerfer mit 5-Düsen-Kopf.
(Getarnt.)

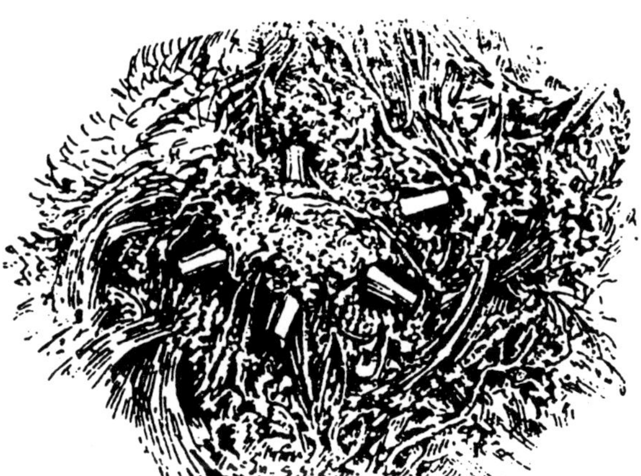

Diese Flammenwerfer stellten ein wertvolles Kampfmittel zur Stellungsverteidigung dar. Sie wurden im Krieg von deutscher Seite nachgebaut.

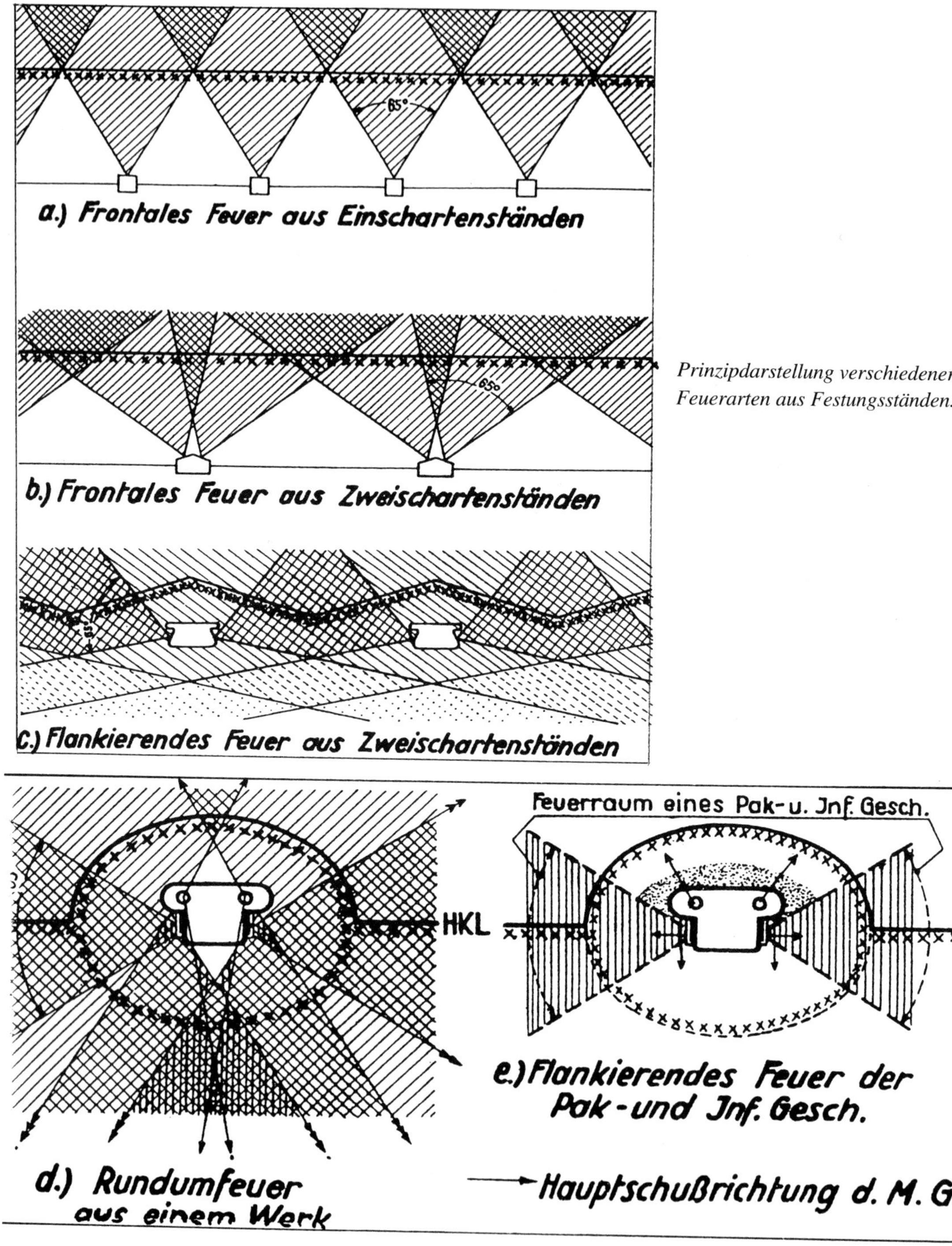

Prinzipdarstellung verschiedener Feuerarten aus Festungsständen.

DIE KAMPFHANDLUNGEN

Am 22. Juni 1941 überschritten deutsche Truppen die Grenze zur Sowjetunion und eröffneten die Kampfhandlungen gegen die Rote Armee.

Die drei Heeresgruppen v. Rundstedt, v. Bock und Ritter v. Leeb, die gegen die stärksten russischen Kräftegruppen eingesetzt waren, stießen schon in den ersten Stunden des 22. Juni südlich und nördlich der Pripjet-Sümpfe sowie der alten ostpreußisch-litauischen Grenze auf die neuen Grenzbefestigungen. Fast überall erfolgte der Durchbruch ohne bemerkenswerten Zeitverlust. Jede eintreffende Einheit der Roten Armee an den Befestigungslinien verteidigte sich mit den geretteten Waffen so gut sie konnte, in dem Abschnitt, den sie zufällig erreicht hatte. Besatzungen, die sie hätten aufnehmen können, traf sie nirgends in nennenswerter Stärke an. Daß die notwendigen, 1938 begonnenen Verstärkungsbauten der Stalinlinie infolge der Unterbrechung in den Jahren 1939/40 noch keineswegs vollendet waren, wurde schon erwähnt.

Hinzu kam, daß da der Ausbau nicht fertig war und an vielen Stellen der liegengebliebene Erdaushub das Schußfeld der Besatzungen einengte, sich die einzelnen Bunker nicht gegenseitig zu unterstützen vermochten.

Die deutschen Pioniere, Infanteristen, Artilleristen und Panzerschützen hatten bereits reiche Erfahrungen im erfolgreichen Angriff auf Kampfanlagen sammeln können. Nachdem die sowjetische Führung erkannte, daß der deutsche Angriff nicht ohne weiteres aufzuhalten war, bestand ihr Plan darin, sich auf die alte Staatsgrenze und deren Befestigungen zurückzuziehen. In der damit gewonnenen Operationspause konnte auf das Eintreffen neuer Verstärkungen aus dem Inneren des Landes gewartet werden, um dann gegebenenfalls wieder angreifen zu können. Das war schwer, denn die Frontbreite hatte bis Anfang Juli fast 4000 km erreicht.

Anfang Juli schätzte das Oberkommando der Roten Armee die militärische Lage des Landes als ungünstig ein. Erst jetzt kam das Oberkommando der Roten Armee zu dem Entschluß, an der gesamten Front zur Verteidigung überzugehen. Bis Mitte Juli war es jedoch bereits den deutschen Panzerkräften gelungen, in der Hauptstoßrichtungen 300 bis 400 km in die Tiefe des Landes vorzustoßen und den russi-

Luftbildauswertung der Befestigten Gebiete. Ausschnitt aus der Stalin-Linie der Luftbildauswertung-Armeeoberkommandos (A.O.K.) 17 Koluft vom 10.7.1941.

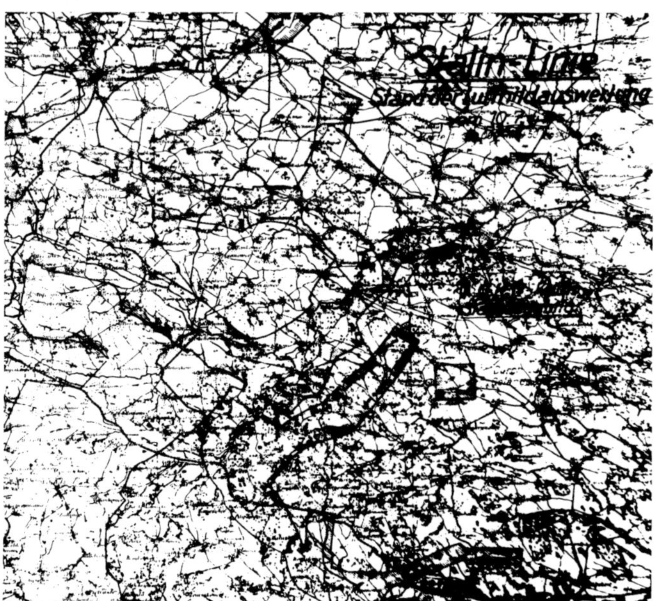

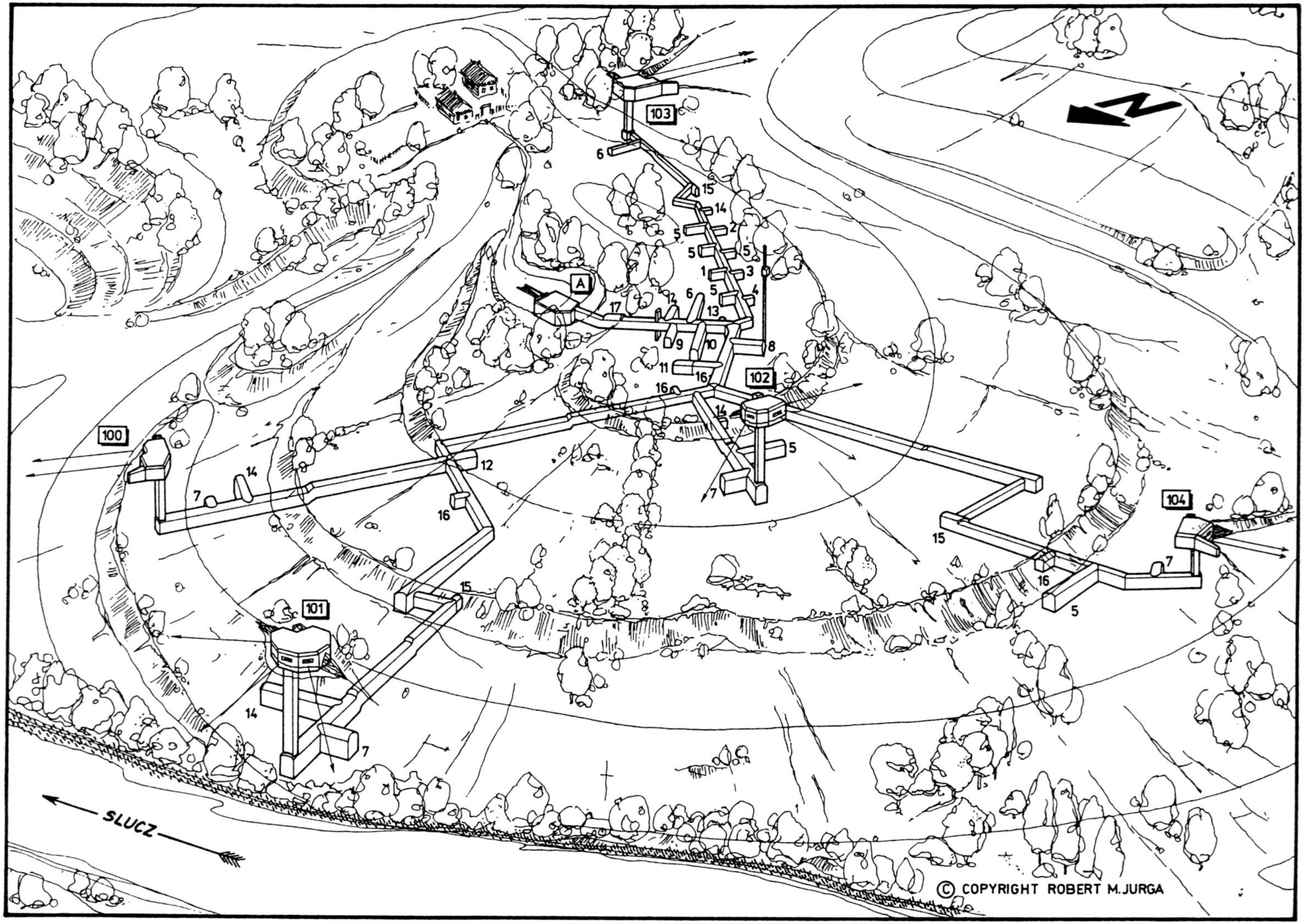

Zeichnung der Befestigungsanlage von Zwiahel. Gut zu erkennen ist hier die geschickte Ausnutzung der natürlichen Gegebenheiten bei der Anlage dieses Bunkerkomplexes.

schen Truppen schwere Verluste beizubringen. In der sowjetischen Fachliteratur wird wiederholt darauf hingewiesen, daß die Truppen an der Front und die Armeen der zweiten strategischen Staffel vom Oberkommando der Roten Armee die Aufgabe erhalten hatten, ein System von Verteidigungslinien vorzubereiten, um die Angriffswucht der deutschen Verbände abzuschwächen.[8] Interessant ist dabei, daß die sowjetischen Historiker mit keiner Silbe die Festungsanlagen hinter der alten Staatsgrenze der Sowjetunion (»Stalinlinie«) erwähnten. Es war in der Tat so, daß der deutsche Vormarsch bereits Anfang Juli die »befestigten Räume«, die in den 30er Jahren von der Roten Armee hinter der alten Staatsgrenze errichtet worden waren, erreicht hatte.

Zu diesem Zeitpunkt kam es zu ersten Kämpfen um die Verteidigungslinie. Die einzelnen Teile der Heeresgruppen erreichten zu unterschiedlichen Zeiten die Befestigungslinie. Die drei Hauptstoßrichtungen der deutschen Truppen waren Leningrad im Norden (Heeresgruppe Nord), Moskau (Heeresgruppe Mitte) und die Industriegebiete im Süden (Heeresgruppe Süd). Das gesamte Ausmaß der Kämpfe um die »Stalinlinie« kann aber wegen der Ausdehnung der Frontlinie nur an einigen Beispielen dargestellt werden. Dabei wird sich vorwiegend auf die in Deutschland erschienenen Divisionsgeschichten gestützt, weil in sowjetischen Quellen und der sowjetischen Memoirenliteratur keine Angaben zu den Kampfhandlungen um die befestigten Räume an der alten Staatsgrenze zu finden sind.

Eine Auswahl der Kämpfe wird im Rahmen der Heeresgruppen dargestellt. Im Kriegstagebuch des Oberkommandos der Wehrmacht finden sich über Kämpfe an der Stalinlinie folgende Eintragungen, vorrangig die an den Spit-

8 Sawin, A. S., Der Zweite Weltkrieg, Berlin 1985, S. 153

zen der Heeresgruppen vorstoßenden Panzergruppen 1 bis 4 betreffend:

4. JULI

HEERESGRUPPE SÜD

Panzergruppe 1 hat auf der ganzen Breite Vorstoß nach Osten fortgesetzt. Hierbei Feindwiderstand durch starke Nachhuten, gestützt durch Bunkerstellungen an der ehemaligen Grenze.

5. JULI

HEERESGRUPPE SÜD

Panzergruppe 1 ist im Morgengrauen in überraschendem Vorstoß Einbruch in Befestigungslinie ostw. Polonne gelungen. Kampf um Brückenkopf Miripol noch im Gange. Nordflügel steht bei Hulsk dicht vor der Befestigungslinie. Fortbewegung der Räderfahrzeuge teilweise nur mit Zugmaschinen und unter Einsatz von Pionieren möglich.

HEERESGRUPPE NORD

Trotz starker feindlicher Angriffe mit Panzerwagen, Artillerie und Kavallerie hat **Panzergruppe 4** Brückenkopf Ostrow weiterhin verstärkt und alle Angriffe abgewiesen. Nach 15stündigem Kampf wurde die Grenzstellung an Straße Dünaburg, Ostrow unter Ausschaltung von über 20 Bunkern durchbrochen.

6. JULI

HEERESGRUPPE SÜD

Feind weicht vor gesamter Front der Heeresgruppe auf die Stellungsfront, die er anscheinend mit starken Kräften zu verteidigen beabsichtigt, aus.

Panzergruppe 1 hat die Einbruchsstelle in die Befestigungslinie bei Miropol erheblich erweitert und in zähem Kampf Miropol genommen. Westlich Zwiahel ist sie in die Befestigungslinie eingedrungen und erkämpft sich gegen stärkere Abwehr aus den zahlreichen mit Abwehrwaffen besetzten neuzeitlichen Bunkern den Weg nach Osten. Jeder Bunker muß einzeln genommen werden. Einige Bunker sind in unserer Hand.

HEERESGRUPPE MITTE

Der Gegner vor **Panzergruppe 2** hat sich durch

Luftbildaufnahme von Shmerinka

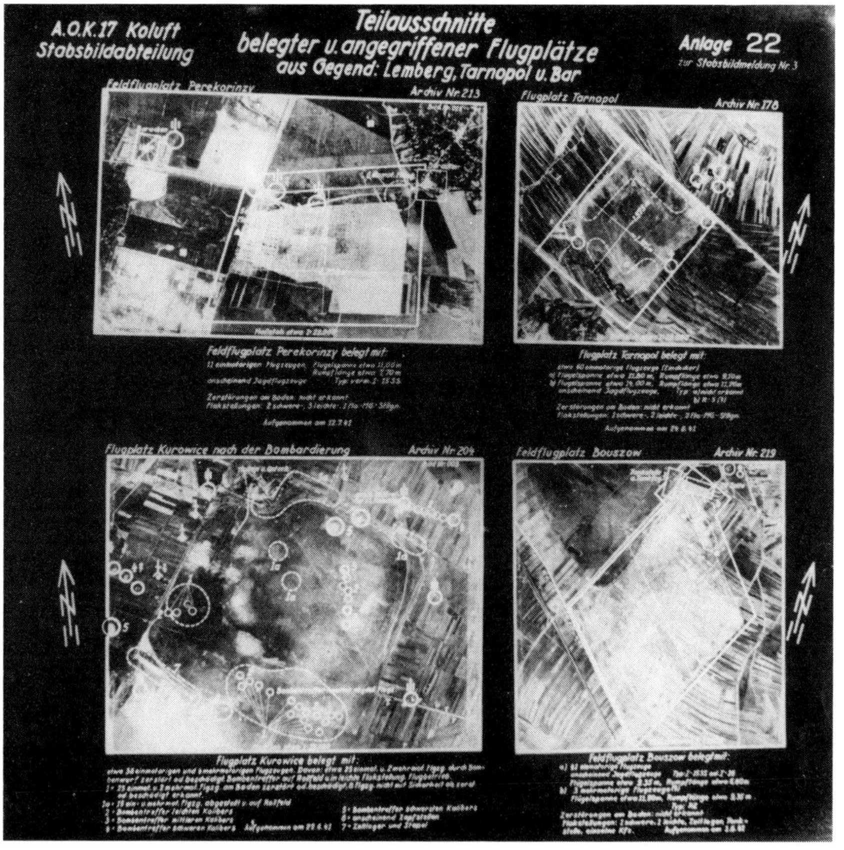

Luftbildaufnahmen verschiedener russischer Flugplätze im Bereich der Stalin-Linie durch die Luftaufklärung im Abschnitt des Armeeoberkommandos (A.O.K.) 17.

Maschinengewehrschütze mit leichtem Maschinengewehr 34 vor einem zerstörten Bunker der Stalin-Linie.

Zuführung von Kräften aus Richtung Gomel weiterhin verstärkt. Er versucht durch Gegenstöße, die über die Beresina vorgedrungenen Panzerkräfte aufzuhalten, um sich am Dnjepr zur Abwehr einzurichten.

Panzergruppe 3 noch im Kampf um Brückenkopf an der Düna.

HEERESGRUPPE NORD

Panzergruppe 4 erweitert den Brückenkopf Ostrow und kämpfte sich ostw. Rosenow, ostw. Karsava und nordwestl. Ostrow, teilweise gegen heftige feindliche Gegenangriffe durch die russische Bunkerlinie.

7. JULI

HEERESGRUPPE SÜD

Nachhutkämpfe des Feindes vor 11., 17. und 6. Armee. **Panzergruppe 1** hat mit XXXXVIII. AK gegen zäh kämpfenden Feind den taktischen Durchbruch durch die Festungsfront erzwungen und mit Inbesitznahme von Berdditschew den operativen Durchbruch angebahnt.

Panzergruppe 1 Durchbruch durch Stalinlinie bei Str. Miropol. Am Nachmittag Berditschew erreicht. Bei Hulsk Durchbruch gelungen und Brückenkopf gebildet. Bei Nowograd Wolynski nach schwerem Kampf Einbruch bis zum Westrand der Stadt. Hier moderne Festungswerke im Zuge der Pz.Straße bis 15 km Tiefe.

HEERESGRUPPE MITTE

Vor **Panzergruppe 3** leistet Feind zähen Widerstand und führt erbitterte Gegenstöße. Eine weitere Verstärkung der Feindkräfte hat auf Grund von Aufklärungsergebnissen am 7. 7. nicht mehr stattgefunden. Der Eindruck, daß der Gegner die Dnjepr-Düna-Linie verteidigen will, bleibt bestehen.

8. JULI

HEERESGRUPPE SÜD

Erfolgreiche Ausweitung des takt. Durchbruchs bei **Panzergruppe 1.**

Panzergruppe 1: An zwei Stellen Stalin-Linie nach hartem Kampf durchbrochen, weiter nach Osten vorstoßend.

HEERESGRUPPE NORD

Der Versuch des Feindes an der ehemaligen russischen Reichsgrenze im Bereich der Heeresgruppe eine zusammenhängende Abwehrfront aufzubauen, ist gescheitert. Sie ist von **Panzergruppe 4** durchbrochen.

9. JULI

HEERESGRUPPE SÜD

Operativer Durchbruch durch Stalin-Linie ist **Panzergruppe 1** und Nordgruppe der 6. Armee voll gelungen. Feind im vollen Rückzug zum Dnjepr.

Ein mittlerer Schützenpanzerwagen HLKL 6p (Sd.Kfz.251) einer Panzerpionierkompanie. Seitlich angebracht Halterungen für schwere Wurfgeräte 41, deren 28-cm-Spreng- bzw. 32-cm-Flammgeschosse im Kampf um die Bunker der Stalin-Linie eine wertvolle Verstärkung darstellten. Schußweite bis 2000 m.

Motorisierte 10,5-cm-leichte Feldhaubitzbatterie beschießt im Kampf die Stalin-Linie.

Panzergruppe 1: Nach Überwindung hartnäckigen Feindwiderstandes in der Tiefe der Stalin-Linie ostwärts von Nowograd Wolynskij hat III. AK Schitomir erreicht. Feind führte Gegenangriffe mit Panzerzügen und Flugzeugen: im Hintergelände ist Kampf noch im Gange.

Ein Kampfbericht aus dem Kriegstagebuch von Leutnant Scheibert, schildert den Durchbruch der Stalin-Linie entlang der Straße von Dünaburg nach Pleskau am 4. und 5. Juli wie folgt:
»Wir stießen weiter bis zur ehemaligen sowjetrussischen Grenze und hatten vor uns Bunker an Bunker - die Stalin-Linie! Ein planmäßiger Angriff wurde angesetzt. Mein Zug, als Unterstützungspanzer bei der ganz rechten Kompanie. Ab und an kamen tolle Wolkenbrüche herunter. Nebenbei erlebten wir Luftkämpfe. Nach einem Artilleriezauber traten wir an. Die Scharten der Bunker wurden von Panzern, Pak und Flak unter Feuer genommen, während sich unsere Schützen zusammen mit Pionierstoßtrupps heranarbeiteten. Der Russe antwortete mit Maschinengewehr und den Kanonen schwerster Panzern, die überall im Gelände standen. Ich blieb vor einem vorher nicht gesehenen Panzergraben liegen und mußte links ausholen. Überrollte dabei die Kompanie, und da ich sah, daß der Zug, der auf der Rollbahn vorstieß, zögerte, übernahm ich dort die Spitze und rollte weiter vor in Richtung Ostrow, hierbei in die Stalin-Linie stoßend.«

5. Juli 1941 (inmitten der Stalin-Linie). »Schon um 3 Uhr begann das Geschieße, ab und an tauchten Feindpanzer (KW I und II) auf, von denen einer durch eine 8,8 cm-Flak vernichtet wurde. Dann traten wir wieder an, die letzten Bunker sollten genommen werden. Hierzu bildete ich auf der Rollbahn in Richtung Pleskau, die quer durch die Stalin-Linie verlief, aus zwei an 8-to-Zugmaschinen hängenden 8,8-cm-Flakgeschützen mit davor und seitwärts fahrenden Kampfpanzern (Skoda 35 (t) meines Zuges einen Keil. Dahinter folgten auf SPW Schützen und Panzerpioniere der 6. Panzer-Division. Wir stießen bald erneut auf feindliche Panzer, die uns sofort unter Feuer nahmen. Die Flak vertrieb sie, und die Bunker wurden nach altem Muster genommen, und dann ging es wieder flott voran in Richtung Ostrow.«
Diese Stadt, ein wichtiger Knotenpunkt der Region, war bereits am 4. Juli durch die 1. Panzer-Division erstürmt worden.

Andere Truppenteile erreichten zu dieser Zeit das Gebiet der Festungsstadt Polozk, einst Grenzfestung des ehemaligen Rußlands gegen Polen. In den 30er Jahren war sie modern ausgebaut worden und bestand aus 150 teils einstöckigen, teils zweistöckigen Betonständen mit ständig, zum Teil versenkbaren, eingebau-

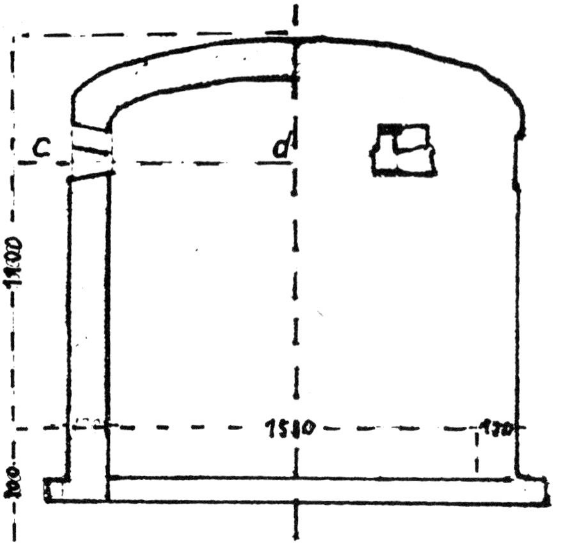

An der neuen Grenze hat man vielfach polnische Panzertürme in die Eisenbetonbauwerke eingebaut.

Befestigtes Gebiet nördlich und südlich von Polozk

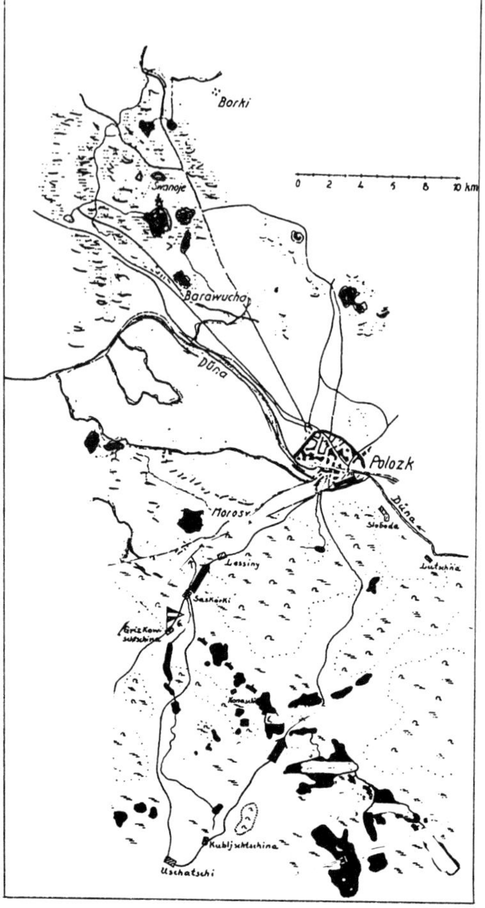

Übersicht über die Festungsanlagen im Gebiet von Polozk.

ten Maschinengewehren. Unter Ausnutzung von Seen, versumpftem Zwischengelände, von Drahthindernissen mit dornigem Verhau war es eine starke Festungsanlage. Die Bunkerlinie wurde rasch durchbrochen, heißt es in den Berichten der 6. Infanterie-Division. »Jetzt konnte man auch die pioniertechnisch sehenswerte Anlage und die getarnten Geschütze unter Panzerschutz sehen. Der Angriffserfolg der Division zeigte sich in den 104 genommenen Betonständen, 800 Gefangenen, 4 Geschützen, einem Flugzeug und 113 Maschinengewehren.« Am 6. Juli bildeten die deutschen Truppen eine geschlossene Front gegen die Landbrücke zwischen Witebsk und dem oberen Dnjepr.

Shukow schreibt hierzu in seinen Memoiren: Schon zu Beginn der Offensive gelangen ihm in den Räumen Polzok, Witebsk, nördlich und südlich Mogiljow tiefe Durchbrüche. Vier Infanteriedivisionen, das Regiment »Großdeutschland« und andere Truppenverbände, griffen die Stadt Mogiljow an. Verbände der 13. Armee waren eingeschlossen. Die Rundumverteidigung der Stadt hatte das 61. Korps des Generals F.A. Bakunin organisiert. Besonders zeichnete sich die 172. Schützendivision unter Generalmajor M.T. Romanow aus. Sie fesselten einen Teil der Kräfte des XXXXVI. und des XXIV. motorisierten Korps der Panzergruppe 2. Die Kämpfe verzögerten den Vorstoß.« Interessant ist, daß in diesem Zusammenhang von Shukow kein Wort über die Festungsanlagen und deren Verteidigung gesagt wurde.

Um gegen stark befestigte Gebiete vorzugehen, setzte man Nebelwerfer ein. Im Bild Nebelwerfer im Feuer. Die Rauchspuren der Schwarzpulvertreibsätze sind weithin sichtbar.

Von dem an verschiedenen Stellen der Stalin-Linie spürbaren hartnäckigen Widerstand der Rotarmisten zeugt diese Aufnahme. Ein Zweischartenstand, der noch nicht fertiggestellt war (Erdaufschüttung fehlt), davor ein schweres Maschinengewehr in den Resten der Feuerstellung.

Die 14. Panzer-Division erreichte am 6. Juli die Festungsanlagen von Zwiahel. Die Bunker im Ort waren festungsartig ausgebaut und mit Artillerie, Pak und Flak bestückt. Nach Luftangriffen arbeiteten sich die Stoßtrupps an die Bunker heran. Jeder einzelne mußte niedergekämpft werden. Die deutschen Sturmtruppen erlitten dabei infolge des verbissenen Widerstandes der Rotarmisten schwerste Verluste. Die Kompanien verloren bis zu 40 Mann. Am 8. Juli wurde die Stadt Zwiahel genommen.

Wenden wir uns der Heeresgruppe Süd zu. Hier fanden weitere Kämpfe um die »Stalinlinie« im Vorfeld der Industriestadt Kiew statt, auch weiter südlich wurde hartnäckig um die Erstürmung gekämpft. Der Durchbruch durch die »Stalinlinie« gelang der Panzergruppe 1 bei der Heeresgruppe Süd an der Straße nach Miropol, wo sich moderne Festungswerke in der Nähe von Nowograd Wolynski befanden. Die Kämpfe am Dnjestr zogen sich aber bis Mitte Juli hin. Der Einbruch der 11. Armee in die Stalinlinie in breiter Front erfolgte um den 18. Juli. In einem Bericht der 50. Infanterie-Division heißt es: »Wir erhielten Befehl zur Vorbereitung des Angriffs über den Dnjestr. Die mit dem Befehl eingehenden Befestigungskarten zeigten eine verwirrende Menge von Kampfanlagen. Aber der Russe zeigt keine Unternehmungslust. Seine zahllosen, spontan angesetzten Gegenstöße haben ihm statt Erfolg nur fühlbare Verluste eingebracht; sein Vertrauen in die für uneinnehmbar gehaltenen Befestigungsanlagen der Stalinlinie war erschüttert«.

Unteroffizier Schading berichtet über die Festungswerke am Dnjestr: »Beim Erkundungsvorstoß stellte ich fest, daß das Werk mindestens zwei Scharten hatte und mit Drahtsperren umgeben war. Bei den Kampfhandlungen stellte es sich aber heraus, daß es sich hierbei um einen Drei-Schartenstand handelte, der hinter dem Werk Laufgräben und MG-Nester hatte. In der Nähe befanden sich Werke mit einer Scharte.«

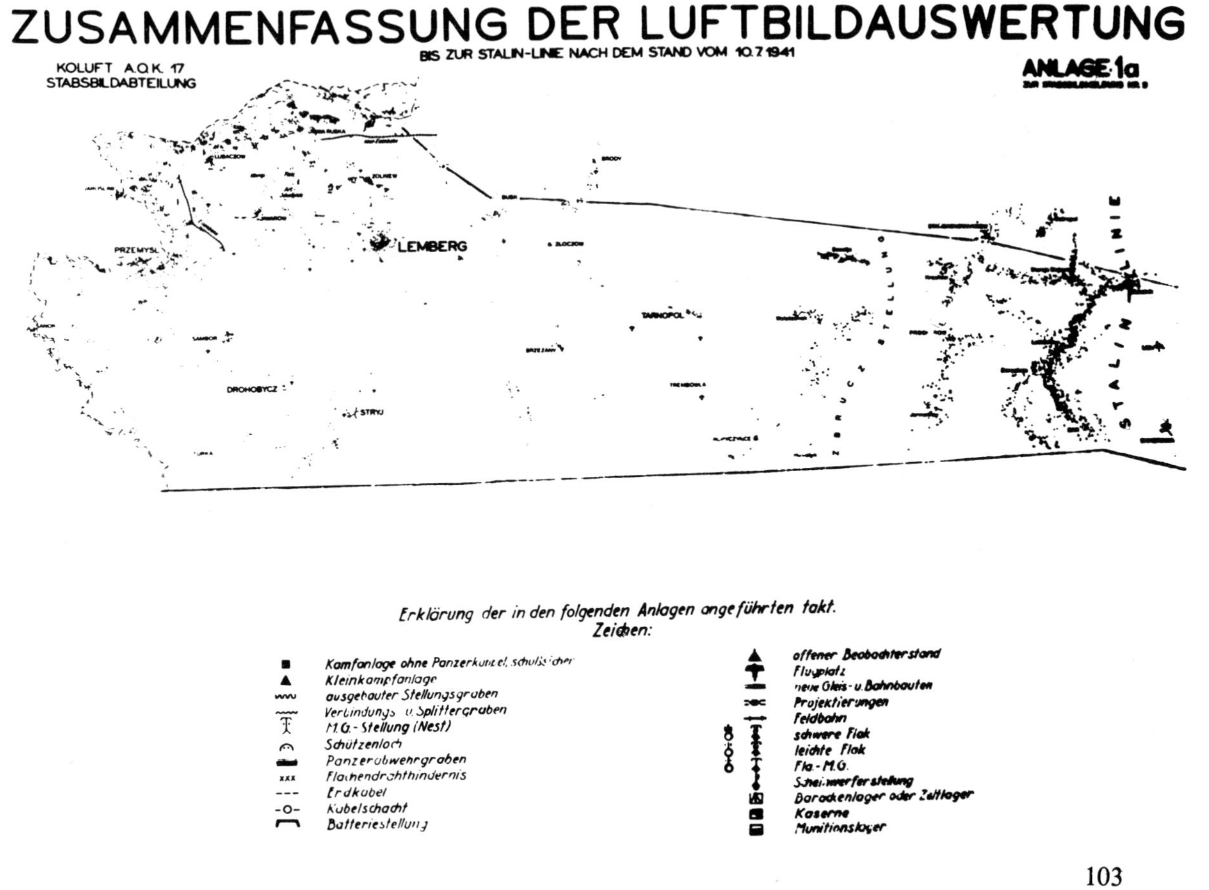

Zeitgenössische Buchillustration über die Stalin-Linie.

Die Luftbildaufnahmen zeigen durch Erdbeschuß zerstörte Festungswerke und den Flugplatz von Uman.

BEWERTUNG

Zusammenfassend läßt sich sagen, daß die »Stalin-Linie« ihre Aufgaben nicht erfüllte, obwohl dafür eine Reihe von Voraussetzungen gegeben waren. Die Kämpfe füllten den kurzen Zeitraum von Anfang bis Mitte Juli 1941 aus. Die Lage hatte eine gewisse Ähnlichkeit mit den Maitagen des Jahres 1940, als es den französischen, belgischen und holländischen Truppen nicht gelang, sich in der verlängerten Maginotlinie festzusetzen, um sich die Vorteile eines vorbereiteten Kampfraumes zunutze zu machen. Die deutschen Truppen hatten an vielen Stellen die sowjetischen Truppen überholt und ließen somit eine planmäßige Besetzung der befestigten Räume nicht zu. In einzelnen Fällen kam es vor, daß sowjetische Truppen sich den Weg zur Stalinlinie erst durch deutsche Truppen hindurch bahnen mußten. So konnte von einer geordneten, befehlsmäßig geführten Verteidigung nicht die Rede sein. Nur abgekämpften Truppenteile der Roten Armee erreichten die »Stalinlinie« und versuchten mit wenigen verbliebenen Waffen vergeblich eine standhafte Verteidigung aufzubauen. Sie waren mit den vorgefundenen Verhältnissen nicht vertraut, so daß sie trotz oft tapferer Gegenwehr sehr schnell von den im Festungskampf erfahrenen deutschen Truppen überwunden werden konnten. Erleichtert wurden deren Angriffe durch die geringe Tiefe der befestigten Räume und die Tatsache, daß die im Jahr 1938 begonnenen Verstärkungsbauten infolge der Unterbrechung 1939/40 nicht mehr abgeschlossen worden waren. Eine Reihe von Anlagen konnte schon aus größter Entfernung an Hand des unvollendeten Ausbaus ausgemacht werden; andere waren noch Baustellen. So ist es nicht verwunderlich, daß vom Oberkommando der Wehrmacht bereits am 12. Juli 1941 gemeldet werden konnte, daß die »Stalinlinie« durchbrochen sei.

Nach schweren Kämpfen durchquert ein deutsches Sturmgeschütz eine Furt.

10-cm-Kanone 18 der Kanonenbatterie eines Panzerartillerieregiments beschießt aus großer Entfernung Bunker der Stalin-Linie. Die 10-cm-Kanone besaß eine Schußweite von 16650 m.

Die Besatzung eines Sturmgeschützes bekämpft im direkten Richten Bunker der Stalin-Linie. Die Schußweite in diesem Schießverfahren betrug 600 m.

Deutsche B-Stelle im Dach eines russischen Bauernhauses.

Gut getarnte russische Geschützstellungen im freien Gelände.

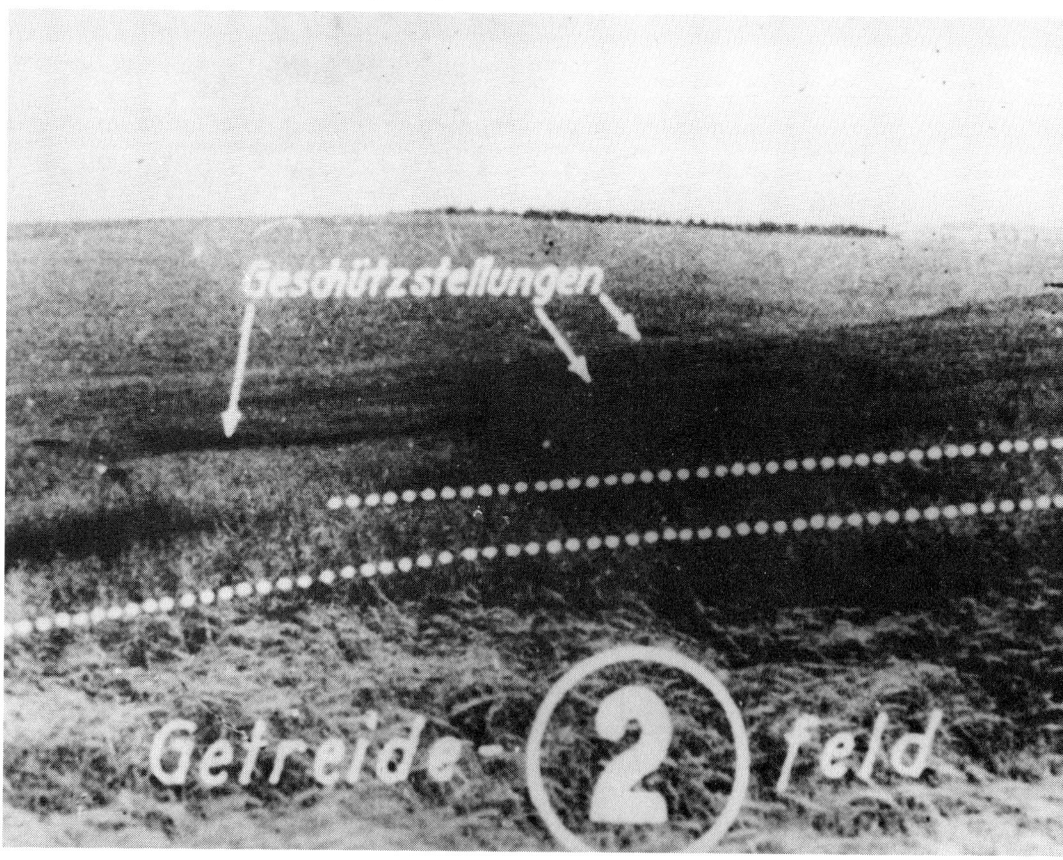

Gesprengte Brücke im Vorfeld der Stalin-Linie.

Oft nutzten die russischen Verteidiger zur Verlangsamung des deutschen Vormarschtempos Wasserhindernisse. Im Bild werden Infanteristen auf Floßsäcken mit Unterstützung eines Sturmbootes der Pioniere übergesetzt.

Infanterie überquert auf einer Pontonbrücke, (Brückengerät B) einen Fluß.

7,5-cm-Gebirgsgeschütz 36 im Einsatz. Die Schußweite eines solchen Geschützes betrug 9100 m.

Ein deutscher Stoßtrupp nähert sich gedeckt durch Holzstapel einem Kampfstand der Stalin-Linie.

Verschnaufpause in einem Panzergraben.

Deutscher Stoßtrupp in einer russischen Schützenstellung erwartet das Sturmsignal.

Deutsche Infanterie sichert im Ortskampf die eroberten Anlagen der Stalin-Linie.

Vorsichtig suchen deutsche Pioniere nach vergrabenen Minen. Elektrische Minensuchgeräte versagten bei russischen Papp- und Holzkastenminen.

Infanterie im Sturm. Der Infanterist auf der linken Bildseite trägt einen luftdichten Behälter für Stielhandgranaten 24.

Geballte Ladung aus 3 kg Sprengkörpern in eine Scharte. Gestellte Aufnahme für Frontberichterstatter der Wehrmacht.

Auf französischem Munitionsschlepper Renault UE. Rumänische Infanterie in Bessarabien im Kampf um die Bunker der Stalin-Linie.

Deutscher Panzerkampfwagen IV (7,5-cm) (Sd.Kfz.161) passiert einen nicht besetzten Geschützbunker der Stalin-Linie. Wie es im Bericht von Leutnant Horst Scheibert heißt: "... Feindberührung von der 6. Panzerdivision kaum, nur ab und zu tauchten feindliche Panzer auf, die jedoch ausrissen. Wir stießen weiter bis zur ehemaligen sowjetrussischen Grenze und hatten vor uns Bunker an Bunker, die Stalin-Linie!"

Ein Maschinengewehrschütze beschießt mit seinem Maschinengewehr 34 Sehschlitze einer Bunkeranlage.

Nicht immer konnte die Stalin-Linie kampflos passiert werden. Es gab häufig Angriffe russischer Panzer. Im Bild festgefahrener mittlerer Panzer T-34, Ausführung 1940.

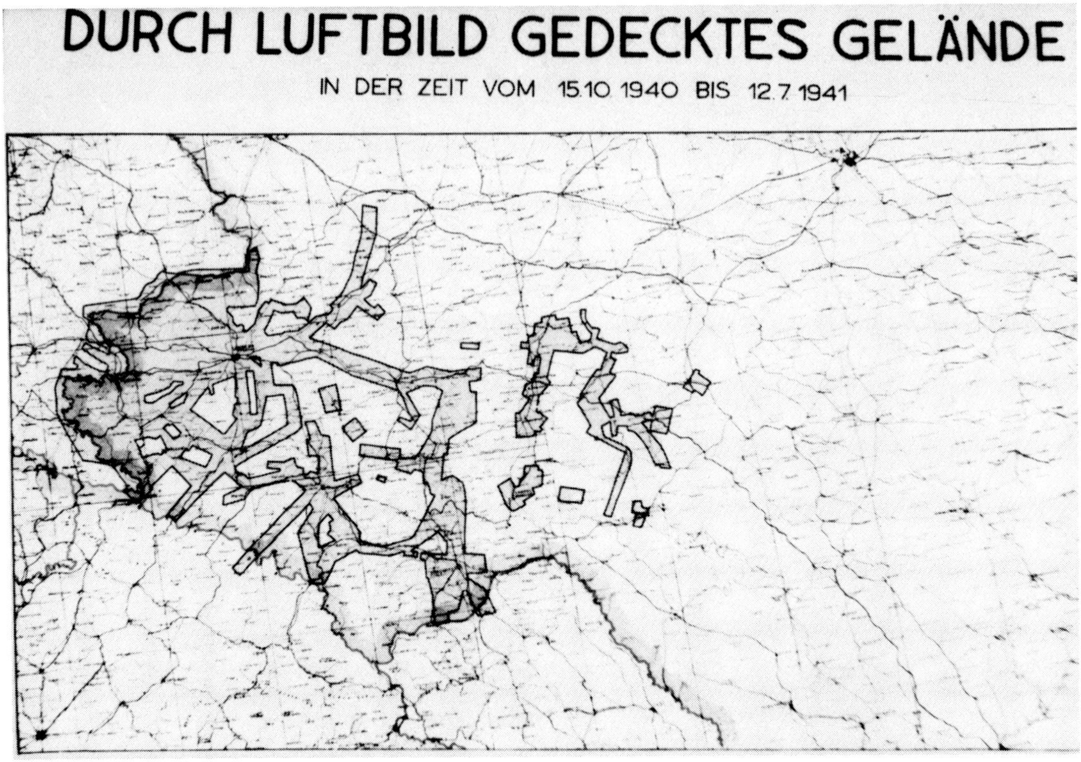

Stützpunkt einer russischen Fliegerabwehrartillerie.

Deutscher leichter Flammenwerfer im Bunkerkampf.

Soldatenschicksal. Gefallenener Rotarmist in seinem Schützenloch. Auf der Brustwehr das Mosin-Gewehr, Modell 91, rechts die Handgranaten 33 (Djakanow) und der Spaten für den Nahkampf.

Niedergekämpfte Stellung mit russischer 152,4 mm Küstenkanone.

Bereitstellung der 6. Panzerdivision im Juli 1941. Auf dem Bild Panzerkampfwagen 35 (t).

Überall befanden sich Bunker. Deutscher Soldat mit Entfernungsmeßgerät nutzt diesen erstürmten Bunker als Beobachtungsstand. Ein Sturmgeschütz bricht Bahn für die nachfolgende Infanterie.

Zerstörter Bunker. Deutlich erkennbar die Wirkung vom Schartenbeschuß aus Panzerabwehrkanonen. Die Anlage ist durch ein Drahtgitter getarnt.

Deutsche 3,7-cm-Pak L/45 einer Gebirgspanzerjäger-Kompanie im Kampf. Die Waffe war besonders zum Schartenbeschuß geeignet.

Blick in einen ausgebrannten Bunker.

Stoßtrupp vor Behelfsschartenstand. Links der Infanterist hat eine Nebelhandgranate im Koppel. Sie diente zum Blenden der Scharten.

Schwerer Bombentreffer auf eine Bunkerdecke.

Angehörige einer Waffen-SS-Einheit besichtigen eine schwere Kampfanlage, gut sichtbar der Tarnschirm.

An der Waldkante errichteter getarnter russischer Bunker („Tauty") der Stalin-Linie. Geschickt sind Knüppel zur Tarnung außen angebracht worden.

Als Häuser getarnte Bunkeranlagen in der Stalin-Linie.

Zur Tarnung wurde dieser russische Panzer BT - 7 mit einer 45-mm Kanone in ein Haus gefahren, dennoch entdeckt und außer Gefecht gesetzt.

Brennender getarnter Bunker aus Betonformsteinen.

Kampf der 1. Gebirgsdivision um die Stalin-Linie. Vorn zerstörter Dreischartenstand.

2-cm-Flugzeugabwehrkanone 30 (Sf) auf Zugkraftwagen (Sd.Kfz.10/4) am Ufer des Dnjestr.

Schwimmpanzer T-37 A der von seiner russischen Besatzung bei den Kämpfen um die Stalin-Linie aufgegeben wurde.

Im Morgengrauen passiert eine Infanterieeinheit ein russisches Panzerhindernis aus verschweißten Schienen („Igel").

Ein noch im Bau befindlicher Erd-Holz-Bunker in einer russischen Stellung.

Gefangennahme eines Rotarmisten.

Ausgebrannter russischer GAS-5-LKW mit Gasmasken beladen. Diese waren für die Besatzungen der Kampfanlagen vorgesehen.

Russische 76,2-mm-Flak im offenen Gelände. Sie wurde häufig zur Panzerabwehr eingesetzt.

Der Durchbruch ist gelungen. Russische motorisierte Einheiten sind von Panzerkampfwagen überrascht und zerschlagen worden.

Es gibt kein Hindernis.
Sollte es der Motor allein nicht schaffen, dann sind sofort starke Männerfäuste zur Hand und helfen bei der Überwindung der Schwierigkeiten.

Die Stalin-Linie durchbrochen

Aufnahmen: ϟϟ-PK Roth.

Ein schweres Geschütz in Stellung.
Aus guter Deckung feuert dies Rohr gegen die Stalin-Linie und hilft unseren Sturmkolonnen beim Durchbruch.

Letzte Besprechung vor dem Angriff.
Ehe die Männer zum Angriff schreiten, noch eine kurze Lagebesprechung und die letzten Verhaltungsmaßregeln.

Schwerer Panzer KW-1 Ausführung 1940 mit 76,2 mm Kampfwagenkanone L/30,5 und zwei MG 7,62 mm. Diese und die folgenden Aufnahmen stammen von der Stabsbildabteilung Armeeoberkommando (A.O.K.) 17 Koluft. Durch die Luft- und Erdbilder sollte der Abschnitt der Stalin-Linie vor und nach ihrer Einnahme ausführlich dargestellt werden.

Schwerer Panzer KW-1, Ausführung 1940 mit 76,2-mm- Kampfwagenkanone F-34 L/30,5. Dieser Panzer war nur sehr schwer zu bekämpfen.

Schwerer Panzer T-35, späte Ausführung, fünftürmiger Gigant mit einer76,2-mm-Kampfwagenkanone und zwei 45-mm-Kampfwagenkanonen, 4-5 MG. Sein Nachteil waren die Größe und die schwache Panzerung.

Mittlerer Panzer T-34, Ausführung 1940. Dieser moderne Panzer war für die deutsche Panzerabwehr eine Überraschung.

Reste einer motorisierten russischen Kolonne. Vorn leichter Artillerieschlepper "Komsomoletz", Zugmittel für die 45-mm-Pak und 76,2 mm Regimentskanone.

Festgefahrener Rad-Ketten Panzer BT-7. Die Hindernisse in der Stalin-Linie beschränkten natürlich auch die Bewegungsfreiheit russischer Panzereinheiten.

Mittlerer Panzer T-34, Ausführung 1941. Der Panzerwagen ist von seiner Besatzung ohne erkennbaren Grund aufgegeben worden. Andere Besatzungen kämpften zäh und verbissen bis zum Ende.

Panzerspähwagen BA-10, mit 45 mm Kampfwagenkanone und 2 MG 7,62-mm.

Schwerer russischer Panzer KW-2 A, 52-Tonner, mit 152,4 mm Haubitze. Dieser Artilleriepanzer war schwer zu bekämpfen.

Russische 122-mm-leichte Feldhaubitze 10/30. Sie besaß eine Schußweite von 7440 m.

Von ihrer Besatzung liegengelassene russische Rad-Kettenpanzer BT-7.

Schwerer Panzer T-35, kam in speziellen Durchbruchsregimentern der russischen Panzerwaffe zum Einsatz. Viele wurden 1941 durch die deutsche Luftwaffe zerstört.

Schwerer Panzer KW-1, Ausführung 1940. Dieser Panzer ist auf deutscher Seite zunächst als 52-Tonner bezeichnet worden.

Beutesammelplatz mit russischen schweren Maschinengewehren Maxim 1910 auf Sokolov-Lafette.

Der Freiheitskampf

Amtliche Tageszeitung der NSDAP. Gau Sachsen

ist die für ihren Verbreitungsbezirk behördlicherseits bestimmte Zeitung zur Veröffentlichung der amtlichen Bekanntmachungen der Staats- und Gemeindebehörden, der Amtsgerichte, des Oberfinanzpräsidenten zu Dresden und Leipzig, der Finanzämter, der Hauptzollämter, der Zollfahndungsstellen Dresden und Leipzig, der Reichsbahnämter Dresden und Leipzig und der Devisenstellen Dresden, Leipzig und Chemnitz

Nr. 208 | Dienstag, 29. Juli 1941 | 11. Jahrgang

Roosevelt auf frischer Tat ertappt

Bolschewistische Durchbruchsversuche unter blutigen Verlusten abgeschlagen – Starke Brände in London nach dem Vergeltungsangriff – Stalins Sohn sagt aus – Henkerliste gegen sieben Sowjetgenerale

Stalin-Linie auch aus Süd-Bessarabien heraus durchstoßen

Eingekesselt und vernichtet

Drahtbericht unseres Vertreters

rd. Helsinki, 28. Juli

Im Abschnitt Repola eingekesselte feindliche Truppen wurden vernichtet. Dabei fielen den Finnen u. a. 37 Geschütze, 15 Granatwerfer, 8 Panzerabwehrgeschütze, 6 Flakgeschütze, 50 Lastkraftwagen und eine Menge schwerer Infanteriewaffen und Munition in die Hände.

Am Sonntag schlugen finnische Truppen bolschewistische Gruppen westlich von Hangö unter schweren Verlusten für die Bolschewisten zurück. Die Sowjets hatten versucht, an zwei Stellen Hangös zu landen. Gleichzeitig werden die Angriffsoperationen an der gesamten Front erfolgreich fortgesetzt. Westlich und östlich vom Ladoga-See gewinnt die finnische Offensive rasch an Boden. Größere Verstärkungen, die die Sowjets heranzuführen versuchten, wurden von der Luftwaffe auf dem Anmarsch zerschlagen.

Gemeinster Fälschertrick enthüllt

Berlin, 28. Juli

Roosevelt ist jedes Mittel recht, und er schreckt selbst vor den gemeinsten und zugleich plumpesten Fälschertricks nicht zurück, um in blinder Hörigkeit des internationalen jüdischen Finanzkapitals den Haß gegen das nationalsozialistische Deutschland zu schüren und das USA.-Volk gegen seinen oftmals bekundeten Willen in den Krieg zu stürzen. Wie weit der Kriegshetzer in Washington in seinem verbrecherischen Spiel zu gehen entschlossen ist, das zeigt der Fall des bolivianischen Militärattachés in Berlin, Major Belmonte, der ein Opfer Roosevelts werden sollte, aber durch sein entschlossenes und mannhaftes Eingreifen eines der größten politischen Betrugsmanöver der Weltgeschichte entlarven half.

Im Zuge einer Hetzkampagne gegen Deutschland hatte die bolivianische Regierung bekanntlich den deutschen Gesandten Wendler ohne Angabe von Gründen aufgefordert, in dreimal 24 Stunden Bolivien zu verlassen. Nachträglich veröffentlichte die bolivianische Regierung einen angeblichen Brief des Majors Belmonte, den dieser an den deutschen Gesandten Wendler geschrieben haben soll, und begründete damit die unerhörte Maßnahme gegen den Vertreter des Großdeutschen Reiches. Den angeblichen Brief wollte die bolivianische Regierung von einer ausländischen Macht zur Verfügung gestellt bekommen

Fortsetzung auf Seite 2

Sowjetdivision bei Wyasma vernichtet

„Auffangkommandos" im Rücken der vorgehenden Bataillone – Ueber 200 Panzer zerstört

Berlin, 28. Juli

Bei den Gefechten im Raum westlich Wyasma am 26. und 27. Juli vernichtete eine deutsche Panzerdivision im besonders kühnen Angriff eine frisch aus dem Osten herangeführte sowjetische Division. Im gleichen Frontabschnitt zerstörte eine andere deutsche Division 83 sowjetische Panzerkampfwagen, die versucht hatten, sich der deutschen Umklammerung durch einen Ausfall zu entziehen. 8 sowjetische Batterien, die den bolschewistischen Ausfall unterstützten, wurden gleichfalls aufgerieben.

Die sinnlosen Versuche der Bolschewiken, sich aus der eisernen Umklammerung im Raume von Smolensk zu befreien, führten zu blutigen Verlusten der Sowjets. Am 26. Juli und 27. Juli befahlen die politischen Kommissare gegen den Willen der Truppe den Ausfall der eingekesselten Verbände. Deutsche Soldaten stellten dabei fest, daß die Bolschewisten bei ihren Durchbruchsversuchen mit eigenem MG.-Feuer in den Rücken beschossen wurden. Aus Gefangenenaussagen geht hervor, daß die Sowjets innerhalb ihrer Regimenter oder Bataillone „Auffangkommandos" aufgestellt haben mit der besonderen Aufgabe, zurückgehende Einheiten durch Feuer von rückwärts zu erneutem Angriff zu zwingen.

Im rückwärtigen Gebiet des mittleren Frontabschnittes wurden am 27. Juli Sowjetverbände, die sich in ein Waldgebiet zurückgezogen hatten, von einer deutschen Division umschlossen und vernichtet. Die Bolschewisten hatten außerordentlich schwere Verluste an Gefallenen und Verwundeten.

Am 27. Juli stieß eine deutsche Division aus dem Süden Bessarabiens gegen die Stalin-Linie vor. In kühnem Angriff wurde die stark befestigte Linie durchbrochen. Die deutschen Truppen kämpften den hartnäckigen Widerstand der Bolschewisten nieder und nahmen 21 Bunker, darunter ein schweres Festungswerk, mit 7,5-Zentimeter-Panzerbatterien.

Zu den militärischen Meldungen aus dem Osten

Eine deutsche Panzerdivision stieß am Vormittag des 26. Juli mit sowjetischen Panzereinheiten an der südlichen Front zusammen. In kühnen Angriffen kämpften die Deutschen den hartnäckigen Widerstand der Bolschewisten nieder und vernichteten 30 sowjetische Panzer.

Bei den erfolgreichen Kämpfen im Raum von Kiew wurde an zahlreichen Stellen örtlicher Widerstand der Sowjets gebrochen. Eine deutsche Division erbeutete oder vernichtete im Zusammenwirken mit ungarischen schnellen Truppen vom 10. bis 21. Juli durch wagemutigen Einsatz 93 sowjetische Panzer im überfallartigen Zufassen. Im gleichen Kampfgebiet wurde durch genaues Schießen der deutschen Artillerie ein sowjetischer Transportzug zerstört, auf dem sich neben zahlreichem Kriegsgerät sieben sowjetische Panzer befanden. Die Bolschewisten erlitten bei den Gefechten wie an allen Frontabschnitten schwere Verluste an Toten und Verwundeten.

Argentinien entwendet deutsches diplomatisches Kuriergepäck

Berlin, 28. Juli

Am 25. Juli sind auf argentinischem Gebiet in Cordoba aus einem Flugzeug drei als diplomatisches Kuriergepäck kenntlich gemachte Kuriersäcke entwendet worden, die von der Deutschen Gesandtschaft in Lima an die Deutsche Botschaft in Buenos Aires unterwegs waren. Auf die sofortigen Reklamationen der Deutschen Botschaft in Buenos Aires teilte die dortige Vertretung der betreffenden Fluglinie mit, daß die drei Kuriersäcke auf Anordnung des Untersuchungsausschusses der argentinischen Deputiertenkammer aus dem Flugzeug unmittelbar vor dem Abflug von Cordoba, als die Motoren bereits liefen, ausgeladen und im Kraftwagen nach dem Kongreßgebäude in Buenos Aires gebracht worden seien. — Die Deutsche Botschaft in Buenos Aires hat gegen die krasse Völkerrechtsverletzung bei der argentinischen Regierung sofort schärfsten Einspruch erhoben und die Rückgabe des Kuriergepäcks verlangt.

Politischer Gangster

osk. Roosevelt hat Pech. Er hatte geglaubt, bei seinem Generalangriff auf die ibero-amerikanischen Staaten den üblichen Methoden des Dollar-Imperialismus, der Bestechung und Erpressung etwas nachhelfen zu müssen mit den noch handfesteren diplomatischen Kampfmitteln, die bei seinen Freunden Churchill und Stalin gang und gäbe sind. Der englische Secret Service und die GPU. sind bekannt für die Fälscherkunststücke, mit denen sie in den politischen Kulissengefechten der britischen und sowjetischen Politik schon manchen Dienst geleistet haben. Man erinnert sich nur an den gefälschten Sinowjew-Brief und ähnliche Scherze. Warum sollte dem USA.-Geheimdienst nicht auch ein solcher Streich gelingen? An der nötigen Skrupellosigkeit fehlt es der Roosevelt-Clique bei ihrem fanatischen Willen, den ganzen amerikanischen Kontinent in den Krieg gegen die Achse zu treiben, nicht. Auch nicht an willfährigen Helfern unter den Politikern der schon seit Jahren von Washington bearbeiteten südamerikanischen Länder. Ist doch die Hörigkeit mancher dieser Regierungen dank der goldenen Wallstreetkette schon so weit gediehen, daß sie gezwungen werden können, die Berichte ihrer Berliner Militärattachés in Washington zur Einsicht vorzulegen.

Also ließ Roosevelt der Regierung in La Paz einen angeblichen Brief des bolivianischen Militärattachés Belmonte an den deutschen Gesandten in Bolivien, Wendler, in die Hände spielen, aus dem ein Komplott des Schreibers und des Empfängers zu einem Umsturzversuch gegen die bolivianische Regierung hervorzugehen schien. Zugleich erging von Washington an die Regierung von Bolivien der Befehl, den deutschen Gesandten auf Grund dieses „Belastungsmaterials" kurzerhand auszuweisen. Die Neuyorker Presse hat selbst den Beweis geliefert, daß dieser Skandal auf eine üble USA.-Intrige zurückgeht; denn in der „New York Times" konnte man die ganze Räubergeschichte einschließlich der Aufforderung an den deutschen Gesandten zum Verlassen Boliviens schon einige Stunden vor der Aufführung des Operettenstückes in La Paz lesen. Die Absicht war eine Bloßstellung der Reichsregierung und ein Druck auf die übrigen südamerikanischen Staaten, um sie durch ähnliches Vorgehen in völlige Abhängigkeit von den USA. und in Feindschaft zu Deutschland zu bringen, nachdem durch den Fall Bolivien der dokumentarische „Beweis" für die von Roosevelt seit Jahr und Tag behauptete deutsche „Durchdringung" Südamerikas geliefert war.

Es hat keine drei Tage gedauert, da ist aus den Fällen Wendler und Belmonte ein neuer Fall Roosevelt geworden. Der Coup ist glänzend mißlungen, und der USA.-Präsident steht, nachdem er schon als Moralheuchler und Kriegshetzer überführt ist, nun auch noch als Dokumentenfälscher und politischer Gangster blamiert vor der Weltöffentlichkeit. Seine Gehilfen vom Geheimdienst hatten sich die Sache doch zu leicht gemacht. Sie hatten aus Roosevelts Haßreden und aus den Hetzartikeln der Judenpresse alles, was über das Thema Deutschland und Südamerika zusammenphantasiert worden war, bedenkenlos in einen Brief verarbeitet, Belmontes Namen daruntergefälscht und als Empfänger den deutschen Gesandten in La Paz fingiert. Das ganze mutet wie ein Kapitel aus einem schlechten Kriminalroman an. So macht man amerikanischen Kitsch, aber keine Weltpolitik. Die bekannte amerikanische Plumpheit genügt, auch mit Naivität gemischt, noch nicht, um aus einem schlechten Staatsmann einen erfolgreichen Fälscher zu

Nummer 29 17. Juli 1941
Copyright 1941 by Deutscher Verlag, Berlin

50. Jahrgang Preis 20 Pfennig

Berliner Illustrierte Zeitung

Straße frei?

Zerschossene Sowjetpanzer säumen rechts und links die Vormarschstraße. Braungrau quillt der Rauch aus ihnen. Im Schutz der Wracks arbeiten sich deutsche Infanteristen heran, ihr Führer wie immer voraus. Links ragt ein Geschützrohr wie in Feuerstellung in den Himmel: Eine deutsche Granate traf den Turm eines Sowjet-Panzers und blies ihn quer über die Straße.

PK. Hähle (Presse-Hoffmann)

Die Propagandamaschinerie Deutschlands ließ sich in den ersten zwei Kriegsmonaten gegen die Sowjetunion keine Gelegenheit entgehen, über die Kämpfe um diese befestigte Ost-Grenze, die im deutschen Sprachgebrauch als "Stalin-Linie" bezeichnet wurde, zu berichten.

Auswahlverzeichnis der verwendeten Literatur und Quellen

Anfilow, W. A.: Der Große Vaterländische Krieg (22. Juni - Mitte Juli 1941), Moskau 1962
Atlas zum II. Weltkrieg
Beaulieu de, Walter: Generaloberst Erich Hoepner, o.D
Denkschrift über die russische Landbefestigung, vom 1.02.1942
Das Deutsche Reich und der Zweite Weltkrieg, Bd. 4, Stuttgart 1983
Deutschland im Zweiten Weltkrieg, Bd. 2,
Die Entwicklung der Taktik der Sowjetarmee im Großen Vaterländischen Krieg, Berlin 1961
Die 50. Infanterie-Division 1939 - 1945, Augsburg 1965
Geschichte des Zweiten Weltkrieges 1939 - 1945, Bd. 4, Moskau/Berlin, 1977
Gilbert, Martin: Der Zweite Weltkrieg, München/Leipzig, 1989
Grigorenko, Piotor, Erinnerungen: München 1981
Großmann, Horst: Geschichte der rheinisch-westfälischen 6. Infanterie-Division 1939 - 1945, Bad Nauheim, 1958
Jahrbuch des deutschen Heeres
Kalttenegger, Roland: Die Stammdivision der deutschen Gebirgstruppe, Graz-Stuttgart 1981
Klapdor, Ewald: Der Ostfeldzug 1941 eine vorprogrammierte Niederlage? Die Panzergruppe 1 zwischen Bug und Donn, Siek, 1989
Lanz, Hubert: Gebirgsjäger, Die 1. Gebirgsdivision 1935 - 1945, Bad Nauheim, 1954
Melzer, Walther: Geschichte der 252. Infanteriedivision 1939 - 1945, Bad Nauheim, 1960
Pere'cnev, J. G.: Zu einigen Problemen der Vorbereitung des Landes und der Streitkräfte auf die Abwehr der faschistischen Aggression, in Voenno-istoneceskij zurnal. Moskau 1988 Heft 4, S. 42-50
Philippi, Alfred: Das Pripjetproblem, in Wehrwissenschaftliche Rundschau, März 1956
Shukow, G. K.: Erinnerungen und Gedanken, Berlin 1976
Studie des Oberkommandos des Heeres, Generalstab des Heeres..., vom 31. März 1941
Sumorow, Viktor: Der Eisbrecher, Stuttgart 1989
Der Weg der 79. Infanterie-Division, Dorheim, 1971
Die Wehrmacht: Hg. Oberkommando der Wehrmacht, Berlin, 1941
Weinmann, Willi: Die 101. Jäger-Division in Dokumenten und Bildern, Marbach 1965